[増補改訂版]

タックス・プランニング 入門

小池和彰［著］

創成社

はじめに

わが国は，これから大増税時代に突入する恐れがあります。わが国では，近年，財政赤字が膨らみ，財源を確保するために，消費税をアップせざるをえないといわれております。また，2011 年 3 月 11 日に発生した東日本大震災の影響で，巨額な復興費用が必要であるといわれております。さらには，2011 年 8 月 30 日に，自民党のみならず，民主党内部からも批判されてきた菅直人首相から野田佳彦首相に代わり，野田新首相というのは，増税路線をとるらしいので，増税が進むだろうと予想されております。

このような大増税時代にあって，タックス・プランニングは，ますますその重要性を増しているといっても過言ではないと思います。税制を熟知して，節税をし，生き残るのに必要な知恵を，我々は，蓄えるべきでしょう。

もっとも，震災の影響で，日本の税制は，混乱を極めております。震災前は，民主党政権の下で，法人税率を 5%引き下げるとのことでしたが，震災の影響で，今年度の引き下げはなさそうです。2009 年の総選挙で，政権交代につながった要因の 1 つである「子ども手当て」は廃止が決まり，一方，「子ども手当て」を見込んで，廃止される予定であった 16 歳未満の扶養控除は，そのまま廃止が決定してしまいました。相続税に関しては，震災前は増税が予定されていて，遺産にかかる基礎控除額が，5,000 万円 + 1,000 万円×法定相続人の数から，3,000 万円 + 600 万円×法定相続人の数へ変更される予定であったのですが，今のところ，変更されていません。

税制はもともと，変化するものであるとはいえ，現在の混沌とした状況において，本書は，出版された時点で，もうすでに，古くなってしまう運命にあることは，間違いありません。

また，本書は，あくまでタックス・プランニングの基礎を学ぶもので，実践的なものではありません。読者の皆様には，あくまで学習用として利用していただきたいと考えております。

本書をまとめるにあたり，東北学院大学大学院における筆者のクラス「租税法特講Ⅲ」の受講生，青山孝，大和田一美，工藤俊悦，黒澤和寛，柴田篤志，高橋克史，渡辺恵梨子（敬称略）には，いくつかの指摘を受けました。彼らにお礼をいわなければなりません。

創成社出版の方々，とりわけ西田徹氏にもお礼をいわなければなりません。今回も，無理なスケジュールの中，本書の出版を快く引き受けてくださいまして，本当に感謝しています。

大震災のあった今年は，筆者にとって，忘れられない年となりました。この大変な年に，本書を出版できる幸運を，筆者は，かみ締めざるを得ません。

2011 年秋

京都産業大学第 1 研究室棟 847 研究室にて

小池和彰

増補改訂版にあたって

本書の初版が発行されたのが 2011 年ですから，早くも 10 年以上の年月が流れました。消費税に関していうと，税率が 5%から 8%にあがり，現在は 10%になっています。

筆者は，消費税増税はやむを得ないのではないかと考えています。わが国の財政状況がこれからますます悪化していくことが予想されます。わが国はこれから高齢化が進むでしょう。社会保障費がこれからますます増大していくことでしょう。社会保障費の穴埋めとして，消費税は必要不可欠です。所得税や法人税は景気の動向に左右され，その税収は不安定です。これに対して，消費税は，景気の動向に関係なく，安定的な税収が確保できます。

消費税を増税する必要はないとか，あるいはむしろ減税すべきであるという議論もあります。景気が良くなるとか，税の自然増収が期待できるとかいうのですが，これは裕福な企業や人々が富を得れば最終的にはその富の恩恵を貧しい人々も享受できるという新自由主義のトリクルダウン仮説と似ているところがあります。どんなに科学が発達しても，人間は将来を完全に予見することはできませんが，社会保障費が増大し，財政が危機的な状況になるのではないかと予想する方が自然であるように思えます。コロナの影響も財政悪化を後押しするに違いありません。

逆進性緩和策として，軽減税率も導入されましたが，これについては当初予想がつかないことがありました。軽減税率が導入されると，店内飲食とテイクアウト，どちらも同じぐらい利用されているようなお店の場合，問題が生じるのではないかと当初心配していました。たとえば，マクドナルド，お客さんがテイクアウトでお願いしますといい，お会計をした後，家族から電話が入り，みんなで，店内で食べようといわれたとします。軽減税率と標準税率の差額分をお店に支払えばいいでしょうが，支払わないお客さんもいるのではないかと考えたのです。店側は支払わないお客さんに注意して，標準税率と軽減税率の差額部分を払わせるのかな。そんなことしたら，お客が怒ってけんかになるかもしれないとも思いました。

消費税の軽減税率制度に関するQ&Aによれば（問50），ファーストフード店において，「テイクアウト」かそうでないかは，相手方の意思確認で判定されるとのことです。ですから，テイクアウトと公言したお客さんが実際には堂々と店内で飲食していたとしても，標準税率ではなく，軽減税率という判断が下されるということになるようです。

創成社出版の塚田尚寛氏，西田徹氏，落合優里氏には今回の『タックス・プランニング入門』の増補改訂版出版を認めていただき，サポートしていただきました。本当に感謝しています。

2023年春

東北学院大学6号館5階研究室にて

小池和彦

目　　次

凡　　例

本書の文中の引用条文の略称は，以下の通りです。

消法………………消費税法
消法施行令………消費税法施行令
消法基本通達……消費税法基本通達
相法………………相続税法
相基通……………相続税基本通達
法法………………法人税法
法令………………法人税法施行令
法施行規則………法人税法施行規則
法基通……………法人税基本通達
所法………………所得税法
所令………………所得税法施行令
所基通……………所得税基本通達
措法………………租税特別措置法
措通………………租税特別措置法関係通達

なお，「相法３①一」は，相続税法第３条第１項第１号を表します。

第1章
消　費　税

第1節　消費税の基本的な仕組み

1－1　消費税とは何か

法人税や所得税などの直接税とは異なり，**消費税**は，**間接税**です。法人税や所得税のような直接税と，間接税である消費税は，税金を負担する者と税金を申告・納付する者とが異なります。法人税や所得税は，税金を負担する者と税金を申告し又納付する者が同じです。しかし消費税は，税金を負担する者と税金を申告し又納付する者が異なります。法人税や所得税といった直接税と異なり，消費税の場合には，税金を負担する者は，あくまで消費者，すなわち物品を購入したり，サービスの提供を受けたりする者なのです。なお，欧州諸国では，わが国の消費税に相当するものは，**付加価値税**と呼ばれています。

消費税というものは，流通過程において，物やサービスの価格に上乗せ（転嫁）されていき，最終的には消費者に転嫁されていくものです。消費税を負担する者は，消費者であるのが原則であって，各事業者は，原則として消費税を負担しません。原材料業者，製造業者，卸売業者，小売業者のすべてが，売り上げにかかる消費税から仕入れにかかる消費税を差し引いて，その結果残った消費税の残額を納付することになります。

〈消費税の計算に関するイメージ〉

預かった消費税	－	預けた消費税	＝	納付すべき消費税

＊われわれが物を購入したり，サービスの提供を受けたりすれば，原則として，消費税が，その購入物やサービスの金額に含まれています。消費税は，預かった消費税（売上げにかかる消費税）から，預けた消費税（仕入れにかかる消費税）を差し引いて計算されます。

1－2　消費税額計算の流れ

製造業者から，卸売業者が10,000円の商品を仕入れたとします。この時，消費税の10%（10,000円×10% = 1,000円）を含んだ金額で卸売業者は仕入れることになりますので，卸売業者の仕入価額は，11,000円となります。

つぎに卸売業者は，仕入価額の倍の価額，20,000円で小売業者に売却するとします。この時，卸売業者は，消費税10%（20,000円×10% = 2,000円）を含んだ価額で小売業者に売却することになるので，卸売業者の売却金額は，22,000円となります。

卸売業者は，売却時に受け取った消費税2,000円と仕入時に支払った消費税1,000円の差額である1,000円を納付することになります。

預かった消費税 2,000円	－	預けた消費税 1,000円	＝	納付すべき消費税 1,000円

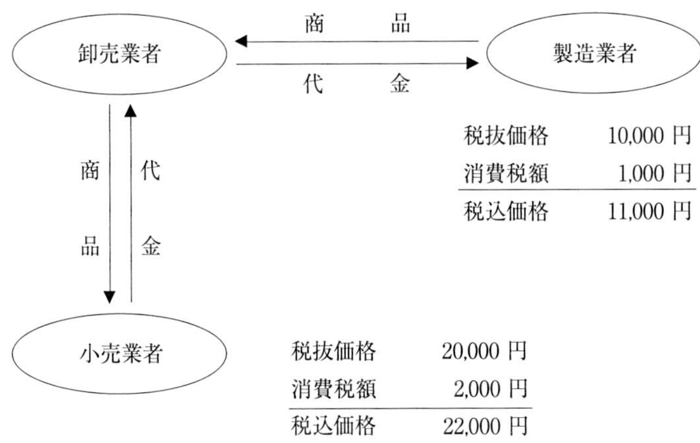

〈税込方式による仕訳〉

(1) 製造業者からの仕入

仕　　入	11,000	現　　金	11,000

(2) 小売業者への販売

現　　金	22,000	売　　上	22,000

〈税抜方式による仕訳〉

(1) 製造業者からの仕入

仕　　入	10,000	現　　金	11,000
仮払消費税	1,000		

(2) 小売業者への販売

現　　金	22,000	売　　上	20,000
		仮受消費税	2,000

＊上記の例題は，標準税率10%（国税7.8%，地方税2.2%）の場合ですが，軽減税率8%（国税6.24%，地方税1.76%）が適用される場合もあります。

1－3　仕入税額控除

消費税のタックス・プランニングにおいて重要になるのが，預けた消費税に関する計算です。事業者は，預けた消費税の額，すなわち仕入税額控除を計算し，預かった消費税の額から差し引くことができます。

仕入税額控除には，**一般課税方式**と**簡易課税方式**があります。簡易課税方式は，中小事業者に設けられた特例です（基準期間における課税売上高が5,000万円以下の事業者）。

一般課税方式は，課税売上げ割合と課税期間の課税売上高により，その方法が異なります。課税売上げ割合が95％以上で，課税売上げ高が5億円以下の場合には，全額控除になります。

これ以外の場合には，個別対応方式と一括比例配分方式との選択適用になります。

課税売上げ割合は，次の算式で計算します。

$$\text{課税売上げ割合} = \frac{\text{その課税期間中の課税売上げの額}}{\text{その課税期間中の課税売上げの額} + \text{その課税期間中の非課税売上げの額}}$$

分母・分子ともに，対価の返還分は，控除して計算します。対価の返還分とは，返品，値引き，割戻しです。また，売上げに係る債権について貸倒れが生じた場合でも，控除しません。

有価証券の譲渡は，非課税売上げに該当し，分母の額に算入されますが，その算入される金額は，有価証券の譲渡等の対価の額に10％を乗じた金額になります。

課税売上げ割合は，**税抜き**で計算します。輸出免税に係る売上高は，分母・分子ともに含められますが，輸出免税に係る売上高には，消費税は含まれていないので，税抜き金額に割り戻す必要はありません。

消費税の金額は10%であり，その内訳は，国税が7.8%であり，地方税が2.2%です。消費税の金額を計算する際には，まず国税の7.8%を計算した後，その国税の金額に $\frac{22}{78}$（国税に対する地方税の割合）を乗じることによって，地方消費税の2.2%を計算します。

納付税額10% ＝消費税7.8% ＋地方消費税2.2%（消費税額× $\frac{22}{78}$）

納付税額の計算の流れを，税込経理方式による場合と税抜き経理方式による場合とで示すと，次のようになります。

〈納付税額の計算〉

［税込経理方式による場合］

1. 帳簿の内訳

（1）売上高　22,000円

（2）仕入高　11,000円

2. 納付税額の計算

Ⅰ　消費税（国税）の税額計算

（1）課税標準額

$$22{,}000円 \times \frac{100}{110} = 20{,}000円$$

（2）課税標準に対する消費税額

（1）× 7.8% = 1,560円

（3）控除対象仕入税額

$$11{,}000円 \times \frac{7.8}{110} = 780円$$

（4）差引税額

（2）－（3）= 780円

Ⅱ　消費税（地方税）の税額計算

$$780円 \times \frac{22}{78} = 220円$$

Ⅲ　消費税と地方消費税の合計額

Ⅰ＋Ⅱ＝1,000円（納付税額）

［税抜経理方式による場合］

1. 帳簿の内訳

(1) 売上高　20,000円

(2) 仮受消費税額　2,000円

(3) 仕入高　11,000円

(4) 仮払消費税額　1,000円

2. 納付税額の計算

Ⅰ　消費税（国税）の税額計算

(1) 課税標準額

$$(20{,}000円 + 2{,}000円) \times \frac{100}{110} = 20{,}000円$$

(2) 課税標準に対する消費税額

(1) × 7.8％＝1,560円

(3) 控除対象仕入税額

$$(10{,}000円 + 1{,}000円) \times \frac{7.8}{110} = 780円$$

(4) 差引税額

(2) －(3) ＝780

Ⅱ　消費税（地方税）の税額計算

$$780円 \times \frac{22}{78} = 220円$$

Ⅲ　消費税と地方消費税の合計額

　　Ⅰ＋Ⅱ＝1,000円（納付税額）

例　題

　次の資料に基づき，電子機器の小売業を営む京都株式会社の令和5年4月1日から令和6年3月31日までの課税期間（事業年度）に係る納付すべき消費税額を求めなさい。

(1) 当社は消費税の経理方法として税込経理方式を採用している。
(2) 商品は非課税取引とされるものではない。
(3) 商品売上高　220,000,000円
(4) 商品仕入高　110,000,000円

【解　答】

Ⅰ　消費税（国税）の税額計算

(1) 課税標準額

$$220{,}000{,}000\text{円} \times \frac{100}{110} = 200{,}000{,}000\text{円}$$

(2) 課税標準に対する消費税額

(1)　× 7.8% = 15,600,000円

(3) 控除対象仕入税額

$$110{,}000{,}000\text{円} \times \frac{7.8}{110} = 7{,}800{,}000\text{円}$$

(4) 差引税額

(2) − (3) = 　7,800,000円

Ⅱ　消費税（地方税）の税額計算

$$7{,}800{,}000\text{円} \times \frac{22}{78} = 2{,}200{,}000\text{円}$$

Ⅲ　消費税と地方消費税の合計額

　　Ⅰ＋Ⅱ＝10,000,000円（納付税額）

　給与と外注費の税務上の違いに関して，認識しておく必要があります。会社が支払った経費が「給与」になるのか「外注費」になるのか，これは税務調査でよく問題となる点です。まずは両者において税務上どのような違いがあるのかを簡単に説明します。

まず給与についてです。アルバイト，パート，社員などいろいろな雇用形態がありますが，すべて給与支給時に所得税の源泉徴収義務が生じます。また，給与に対して消費税はかかりませんので，消費税は不課税取引として取り扱われます。ですから給与ということになりますと，仕入税額控除が受けられないことになります。

外注費の場合は，源泉徴収の必要はなくなります（ただし，所得税法第204条第1項に該当する報酬・料金については，源泉徴収が必要です)。また，外注先への支払いは消費税がかかりますので，消費税は課税仕入取引として取り扱われます。ですから，外注費ということになりますと，仕入税額控除が受けられることになります。

外注費で支払った場合は，源泉徴収義務がなく，本則課税で計算している場合は，消費税に関しても課税仕入取引となりますので，実際の消費税の納税額が減ることになります。また外注費の場合は社会保険の加入義務もないので，会社が社会保険料を負担することもありません。

こうしてみますと，外注費で処理するほうが会社にとって有利であるように思われます。しかし，「給与」にするか，「外注費」にするかは会社が勝手に決めていいものではなく，「契約内容」や「業務実態」などの客観的な事実関係で判定しなくてはいけませんので注意が必要です。

事業者が請負契約等において，自己の計算で独立して事業を行う場合には，その者に対する対価は外注費として取り扱われ，逆に，自己の計算で独立して事業を行わない場合には，給与として取り扱われます。

「給与」と「外注費」の線引きは，基本的には下記の通りに区分されます。

給与は，雇用契約もしくはこれに準ずる契約に基づいて受ける役務の提供の対価です。外注費は，契約もしくはこれに準ずる契約に基づいて受ける役務の提供の対価です。

ただし，実態として形式的に契約書があれば外注費になるというようなものでなく，その区分が明らかでないケースも多く，その場合は「業務の実態」に応じて，判断を行うことになります。税務上は「形式上」プラス「下記の事項」を総合的に勘案して判定することになります（消法基本通達1－1－1）。

その契約に係る役務の提供に他人が代替して業務を行えるかどうかで判断します。代替して業務を行うことができる場合には外注費となります。つまり，外注先のスタッフや孫請けに仕事をやらせてもいい場合には外注費になります。

もっともこの通達に関しては疑問もあります。代替がきかないなら外注で，代替がきくような場合はむしろ給与なのではないかという疑問です。しかし通達では，代替がきく場合が外注とされています。

役務の提供に当たり事業者の指揮監督命令を受けるかどうかでも判断します。指揮監督命令を受けないのが外注費となります。外注であれば業務の進行や手順について自由に決めることができます。指揮監督命令を受けるということになれば，雇用関係があるとみなされ，給与とされる可能性があります。

まだ引き渡しを了しない完成品が不可抗力のため滅失した場合等において，請求することができないならば外注費となります。当然のことですが，外注であれば期限内に商品を納品できなかった場合は，対価の支払いは行われないはずです。

役務の提供に係る材料又は用具等を供与されているかどうかでも判断します。自分で材料を用意するのが外注費になります。給与であれば，作業に使う材料などは用意されるはずです。

基本的には上記の内容で判断をしますが，請負契約であっても，実際には業種によって材料を支給されたうえで業務を行ったり，指揮監督命令のもとで業務を行ったりすることもあります。したがって，給与か外注費かの判断は必ずしも上記の基準のみを形式的に当てはめて判断するのではなく，個別ごとの契約内容，業務実態に応じて総合的に判断することになります。

税務調査で指摘された場合の追徴税額は，次のようになります。会社が外注費として処理していたものが税務調査で給与とされますと，外注費に係る消費税の仕入税額控除が否認され，さらに給与に係る源泉所得税が徴収されます。

具体例を出して追徴税額を計算してみます。

（例）外注費として年間600万円を支払っていた場合

① 消費税の追徴税額

$$600\text{万円} \times \frac{10}{110} = \text{約}55\text{万円}$$

② 源泉所得税の徴収漏れ税額

給与として月額50万円を支払っていることとなると，給与にかかる源泉所得税（乙欄，令和2年度源泉徴収税額表を参照すると，50万円以上53万円未満は，146,800円なので）146,800円× 12カ月分＝約176万円

①＋②＝ 230万円

230万円の追徴税額がかかってきます。さらに，延滞税，加算税なども課税されることになります。このようなことになってしまえば，会社が経営危機に陥る可能性もありえます。

給与と外注費は最終的には形式上・実質上を総合的に勘案して判断されることになります。この判断はとても難しいものになると思いますので，安易に外注費として処理しない方が賢明です。

1－4　内国消費税の意義

内国消費税とは，日本国内で課税される消費税をいいます。消費税は消費の事実に着目して課税される税金をいいます。したがって，日本で消費が認識されれば，日本の消費税が課税されるし，またアメリカで消費が認識されれば，アメリカの消費税が課税されます。消費税は，国内で消費するものについて課税するという，いわゆる消費地課税主義を取っています。したがって，国内消費を生ぜしめる，国内取引・輸入取引が，内国消費税の対象となります。

1－5　課税取引

（1）国内取引

国内取引は，次に掲げる要件を満たす場合に課税対象取引となります（消法4③)。

①　資産の譲渡，資産の貸付及び役務の提供

②　国内において行われる取引

③　事業者が事業として行う取引

④　対価を得て行う取引

国内取引であっても，課税対象とならない取引もあります。また，国外取引も課税対象となりません。これら課税対象とならない取引を課税対象外取引あるいは不課税取引と呼ばれています。

（2）輸入取引

輸入取引の場合の課税対象は，保税地域から引き取られる貨物です。この場合の**保税地域**とは，国内に存在するものの外国貨物の輸入前の指定された地域のことです（消法2①二)。輸入取引の場合は，国内取引のように「事業者が事業として」とかあるいは，対価を得てといった要件が付されていないので，事業として行われていなくても，あるいは無償で行われても，課税対象となります。

なお，輸入取引は，最終的な商品の消費地が日本であるため，課税取引が生じます。

1－6　輸出免税と非課税

（1）輸出免税

消費税は，国内において消費される物品やサービスに負担を求めるものであるため，輸出取引に関しては，免税とされます。輸出取引は，最終的な商品の消費が海外で行われるところから，日本の消費税は免除されます。この日本の消費税が免除される取引は**免税取引**と呼ばれています。

（2）非課税

消費税は，消費という行為に対して，広く浅く，そして公平に課税するものであるため，本来非課税規定は望ましいものではありません。

しかしながら，消費になじまない，あるいは社会政策的な配慮から，非課税制度が設けられています。

①　消費に課税するという税の性格上課税しないもの

・土地の譲渡及び貸付け
・有価証券及び支払手段（紙幣，貨幣，小切手，手形等）の譲渡
・預貯金及び貸付金の利子，保険料
・郵便切手類販売所における郵便切手類の譲渡，印紙売りさばき所等における印紙及び証紙の譲渡，物品切手（商品券）等の譲渡
・国，地方公共団体等が法令に基づき徴収する手数料に係る役務の提供，外国為替業務に係る役務の提供

②　政策的配慮に基づいて特別に非課税としているもの

・公的な医療保障制度（健康保険制度等）に係る診療等

・介護保険法に基づくサービスの提供等
・身体障害者用物品の譲渡，貸付け
・学校教育法に基づく一定の授業料，入学金，設備等
・学校教育法に基づく一定の教科用図書の譲渡
・住宅の貸付け

非課税といっても，自己の売上にかかる消費税が非課税になるばかりで，仕入にかかる消費税が非課税となるわけではありません。したがって，非課税売上を有する業者は，仕入れに係る消費税を負担しますが,転嫁できない状況が生じてしまいます。非課税取引は，そのままでは，付加価値税取引の枠外であるとされ，仕入税額控除ができず，また売り上げに転嫁できなければ，事業者が負担することになってしまうのです。

もっとも消費税としては転嫁できなくても，価格に転嫁できれば，消費税を負担しないで済むことになります。そこで，仕入税額控除できない事業者は，その転嫁できない消費税を価格に転嫁するようになります

しかしながら，これでは，非課税規定の意味がなくなってしまいます。なぜなら，非課税とは名ばかりで，実質的には，最終消費者に課税されているからです。先に記述したように，教育に関するものや医療関係のものは，非課税とされていますが，現実には，通常消費税が価格に転嫁されることが行われ，非課税規定が形骸化している実態があります。

ヨーロッパで付加価値税が導入された際も，当然非課税取引に関して，税の累積（tax cascade）が生じるということはわかっていたはずですが，なぜか制度設計の際，特別な工夫がなされていません。ヨーロッパ諸国で当初採用されていたのは取引高税（turnover tax）であり，これは,取引が行われるごとに税金が課されていくので,税の累積が生じ,

法定税率を超える税が課されるという問題が生じていて，やがて取引高税から，付加価値税を採用するようになった経緯があります。非課税取引は，税の累積額が生じてしまうという場合があり，その意味では，以前採用されていた取引高税と同じ問題を引き起こすものなのです。

1－7　申告書の提出（国内取引）

国内取引の納税義務者は課税事業者であり，その事業者は，税務署に対し，申告書を提出することが必要になります。

（1）確定申告

事業者は，その課税期間終了の翌日から2月以内に確定申告書を税務署に提出し，それに係る消費税を納付しなければなりません（消法45）。

（2）中間申告

事業者は，原則として課税期間の期央から2月以内に中間申告書を税務署長に提出し，それに係る消費税を納付しなければなりません（消法42）。

1－8　納税義務者

（1）国内取引の納税義務者

事業者は，国内において商品等の販売を行い，消費税を販売先から預かっている場合には，税務署に対して消費税を納付する義務があります（消法5①）。

（2）納税義務の免除

基準期間における課税売上高等（税抜価格）が1千万円以下である場合には，消費税の納税が免除されます（消法9）。

①　基準期間

［個人事業者の場合］

その年の前々年

［法人の場合］

その事業年度の前々年

②　基準期間の売上高等

基準年度の売上高等が１千万円超の場合には，消費税の納税義務がありますが（課税事業者），１千万円以下の場合には消費税の納税義務はありません（免税事業者）。

第２節　消費税のタックス・プランニング

２－１　消費税の免税

消費一般に広く税負担を求めるという消費税の趣旨からすると，免税事業者の制度を極力設けないことが望ましいのですが，しかし小規模事業者の納税事務負担や税務執行面を考慮して，**納税義務の免除制度**が認められています。すなわち，基準期間の課税売上高が，1,000万円以下の事業者に関して，納税義務が免除されることになっています（消基通１－４－1）。

この場合の基準期間とは，個人事業者の場合は，前々年であり，法人の場合は，前々期であり，課税期間ではありません。

基準期間の課税売上高で納税義務の免除を判定しますから，課税期間の課税売上高が1,000万円以下であっても，基準期間の課税売上高が1,000万円超である場合には，納税義務は免除されません。

納税義務の免除の判定を課税期間としない理由は，消費税が転嫁することを予定している税であるため，財貨・サービスの提供までに，事業者自身が，あらかじめ納税義務者となるかどうかを判断できるようにしておくためです。

前々事業年度	前事業年度	当事業年度
基準期間（この期間を基準に納税義務を判定する）		課税期間（実際の計算期間）

〈納税義務の判定〉

基準期間の課税売上高（税抜金額）＞1,000万円

∴消費税の納税義務あり

2013年1月1日から開始する事業年度から，課税期間の前年の1月1日（法人の場合は，前事業年度開始の日）から6カ月間の課税売上高が1,000万円を超えた場合には，課税事業者となりました。

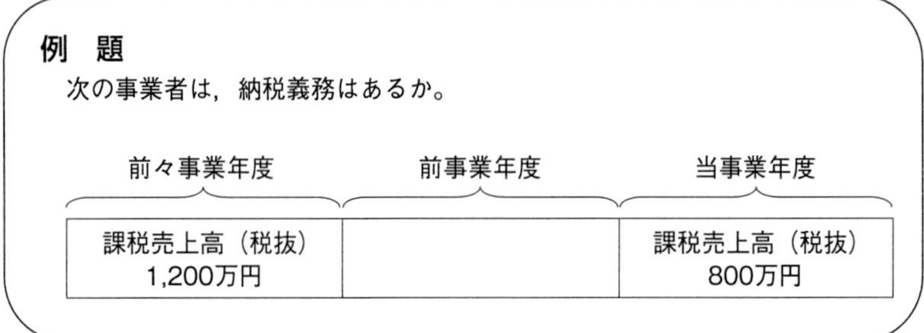

例　題

次の事業者は，納税義務はあるか。

前々事業年度	前事業年度	当事業年度
課税売上高（税抜） 1,200万円		課税売上高（税抜） 800万円

【解　答】

基準期間の課税売上高1,200万円＞1,000万円

∴消費税の納税義務あり

基準期間が免税事業者の場合には，消費税が含まれていないものとして消費税の納税義務があるかどうかを判定します（消基通1－4－5）。したがって，たとえば，ある個人事業者の基準期間の課税売上高が1,025万円（税込）であり，かつ，その基準期間において，その個人事業者が免税事業者であったとすると，基準期間の課税売上高は，1,025万円となり，課税事業者となります。

免税事業者は，消費税の納税義務は免除されるものの，一方で，仕入税額控除を受けることができなくなってしまいます。そこで，基準期間の課税売上高が1,000万円以下であっても，「課税事業者選択届出書」を納税者の所轄税務署長に提出すれば，課税事業者となることができる規定が設けられています（消法9④）。また，納税義務者となるのは，原則としてその提出した日の属する課税期間の翌課税期間からになります（消法9④）。

2－2 簡易課税方式

中小企業者には，**簡易課税方式**が認められています。消費税は，売上げに係る消費税から，仕入れ等に係る消費税を差し引いて，残った残額を納税義務者が納付することになっていますが，中小企業者にとって，その事務処理は煩雑であると考えられています。そこで，中小企業の事務処理を簡便なものにするために，一定の中小企業者に対して，簡易課税方式が認められているのです。

通常は，課税売上げに係る消費税から課税仕入等に係る消費税を差し引いて，消費税の納税額を計算しますが，簡易課税の場合には，課税売上げに係る消費税額に法定のみなし仕入率を乗じることにより，消費税額を計算します。

みなし仕入れ率による仕入税額控除額が，本則課税よりも多い場合には，いわゆる益税を得ることができます。たとえば，労働集約型の人件費比率が高い業種の場合，人件費は消費税がかかりませんので，実際に支払った消費税は少ないために，簡易課税の方が節税になります。

しかしながら，簡易課税方式は，税の中立性に関して，問題があります。なぜなら，実際の仕入れ率がみなし仕入率よりも低い納税者は，簡易課税制度を利用しているからです。

簡易課税制度というのは，原則的な方法ではなく，特別な方法を認めた制度ですので，一定の条件を満たさなければならないことになっています。簡易課税制度の適用対象者は，基準期間における課税売上高が5,000万円以下の事業者です。また，簡易課税制度を選択しようとする場合には，原則として，その選択をしようとする課税期間の初日の前日までに，消費税簡易課税制度選択届出書を所轄税務署長に提出しなければならないことになっています(消法37①)。

このため，急に予定していなかった多額の課税仕入れ，たとえば，多額の建物の購入など，があるときは，みなし仕入率よりも，実際の仕入率の方が大きくなり，納税者と税理士が裁判により争う場合も出てくるので，そうした事態を回避したい税理士は，簡易課税制度を勧めるのをためらう場合があります。中立性をゆがめている簡易課税制度には，この別の観点からの問題点もあります。

第1種事業及び第2種事業に区分するためには，仕入れ商品の性質や形状を変更しないことが条件になります。

しかし次のような行為は，性質や形状の変更には該当しないものとされています（消基通13－2－3)。

(1) 他の者から購入した商品に，商標，ネーム等を貼付け又は

[原則的な課税方式]

課税売上げに係る消費税額	−	課税仕入れ等に係る消費税額	＝	納付すべき消費税額

[簡易課税方式]

課税売上げに係る消費税額	−	課税売上げに係る消費税額×みなし仕入率	＝	納付すべき消費税額

事業区分	みなし仕入率	該当する事業
第一種事業	90%	卸売業（他のものから購入した商品の形状等を変えずに他の事業者に販売する事業）
第二種事業	80%	小売業（他のものから購入した商品の形状等を変えずに消費者に販売する事業）
第三種事業	70%	農業，林業，漁業，工業，建設業，製造業，電気・ガス業，熱供給業および水道業
第四種事業	60%	飲食店業
第五種事業	50%	金融業，保険業，運輸通信業及びサービス業（飲食店を除く）
第六種事業	40%	不動産業

表示する行為

(2) 運送の利便のために分解されている部品等を単に組み立てて販売する場合，たとえば，組み立て式の家具を組み立てて販売する場合のように仕入れ商品を組み立てる行為

(3) 2以上の仕入れ商品を箱詰めする等の方法により組み合わせて販売する場合の当該組み合わせ行為

簡易課税の業種区分では，不動産業は，第6種業種とされていますが，不動産業者の売上高がすべて第6種業種になるわけではありません。たとえば，不動産業者が中古住宅や中古マンションを購入し，これを転売した場合には，仕入商品の販売であり，購入者が事業者であれば，第1種業種，購入者が消費者であれば，第2業種となります。

また，購入した物件であっても，床や壁を張り替えたりして，商品の形状を変えて販売する場合には，第3種事業になります。

飲食サービス業の売上高は，第4種事業に区分されます。宅配による飲食物の売上高は，店内における飲食サービスの延長線上にあるものと考えて，第4種事業に区分されます。もっとも，宅配専門のピザ屋さんのように，飲食設備を有していない事業者は，製造小売業の売上高として第3種事業に区分することが認められています（消基通13－2－8の2（注）2)。

例　題

京都商店は，卸売業を営んでいる。課税売上げ高（税込み）22,000,000円，課税仕入れ高（税込み）11,000,000円で，課税売上げの割合は，95%以上である。原則的な課税方式と簡易課税方式ではどちらが有利か。

【解　答】

［原則的な課税方式］

(1) 課税標準額

$$22{,}000{,}000\text{円}\times\frac{100}{110}=20{,}000{,}000\text{円}$$

(2) 消費税額

20,000,000円×7.8%＝1,560,000円

(3) 控除税額

$$11{,}000{,}000\text{円}\times\frac{7.8}{110}=780{,}000\text{円}$$

(4) 納付税額

(2)－(3)＝780,000円

(5) 地方消費税額

$$(4)\times\frac{22}{78}=220{,}000\text{円}$$

(6) 消費税及び地方消費税の合計税額

(4)＋(5)＝1,000,000円

[簡易課税方式]

(1) 課税標準額

$$22{,}000{,}000\text{円}\times\frac{100}{110}=20{,}000{,}000\text{円}$$

(2) 消費税額

20,000,000円×7.8%＝1,560,000円

(3) 控除税額

1,560,000円×90%＝1,404,000円

(4) 納付税額

(2)－(3)＝156,000円

(5) 地方消費税額

$$(4)\times\frac{22}{78}=44{,}000\text{円}$$

(6) 消費税及び地方消費税の合計税額

(4)＋(5)＝200,000円

∴簡易課税方式の方が有利である。

2－3　個別対応方式と一括比例配分方式

課税売上げが5億円以下で課税売上割合が95%以上である場合には，その課税期間の課税仕入れ等の税額の全額を控除することができます（消法30①）。それ以外の場合には，課税売上げに対応する課税仕入れの税額を計算します。その場合の計算方法は，次の2

種類があります（消法30②）。

2－3－1　個別対応方式

個別対応方式は，課税売上げに対応する課税仕入等に係る消費税額を厳密に計算する方法です。

個別対応方式は，課税期間中の課税仕入等に係る消費税額を次の3つに区分します。

①　課税売上げに対応する仕入れに係る消費税額

②　課税売上げと非課税売上げに共通する仕入れ等に係る消費税額

③　非課税売上げのみに対応する仕入れ等に係る消費税額

個別対応方式の場合，控除することができる課税仕入等の税額は，①課税売上げに対応する仕入れに係る消費税額と課税売上げと②課税売り上げと非課税売上げに共通する仕入れ等に係る消費税額であり，③非課税売上げのみに対応する仕入れ等に係る消費税額は，控除の対象にはなりません。

2－3－2　一括比例配分方式

一括比例配分方式は，課税売上げに対応する課税仕入等に係る消費税額を厳密に区分するのではなく，全体の課税売り上げに係る課税仕入等に係る消費税額に，単純に課税売り上げ割合を乗じて控除税額を計算します。

結局のところ，個別対応方式と一括比例配分方式とで，有利な方法を選択すればよいことになります。もっとも，一括比例配分方式を採用した場合には，2年間以上継続した後でなければ，個別対応方式を採用することができなくなるので，注意をしなければなりません（消法30⑤）。

したがって，単年度で，個別対応方式と一括比例配分方式との有利不利を判断すべきではありません。個別対応方式を採用していて，一括比例配分方式に変更する場合には，継続して一括比例配分方式の方が有利であるかどうかの**タックス・プランニング**が必要になります。

課税期間の 課税売上高 5 億円以下	➡	課税売上割合 95% 以上	➡	全額控除
	➡	課税売上割合 95% 未満	➡	個別対応方式 or 一括比例配分方式

課税期間の課税売上高 5 億円超（大企業）	➡	個別対応方式 or 一括比例配分方式

課税期間の課税売上高 5 億円以下で，課税売上が 95%以上以外の場合

$$\frac{\text{課税売上げ}+\text{輸出免税売上げ}}{\text{課税売上げ}+\text{輸出免税売上げ}+\text{非課税売上げ}}=\text{課税売上げ割合}$$

（売上げのうち課税売上げの占める割合）

例　題

次の条件の下で，個別対応方式と一括比例配分方式における仕入税額控除の額を計算し，どちらの方法が有利か検討しなさい。

課税仕入高（税込価額）11,000,000 円（課税対応）

課税仕入高（税込価額）22,000,000 円（非課税対応）

課税売上げ割合は，60%

【解　答】

(1) 個別対応方式

$$11{,}000{,}000\text{円}\times\frac{10}{110}=1{,}000{,}000$$

(2) 一括比例配分方式

$$(11{,}000{,}000\text{円}+22{,}000{,}000\text{円})\times\frac{10}{110}\times 60\%=1{,}800{,}000\text{円}$$

(3) 1,000,000 円＜ 1,800,000 円

∴一括比例配分方式が有利　1,800,000 円

例　題

次の条件の下で，個別対応方式と一括比例配分方式における仕入税額控除の額を計算し，どちらの方法が有利か検討しなさい。

売上高 1,100,000 円

仕入高 550,000 円

水道光熱費 22,000 円

土地売却手数料 33,000 円

課税売上割合 50%

【解　答】

(1) 個別対応方式

① 売上げに係る消費税　1,100,000 円 $\times \frac{10}{110} =$ 100,000 円

② 仕入れに係る消費税

550,000 円 $\times \frac{10}{110} =$ 50,000 円

22,000 円 $\times \frac{10}{110} \times 50\% =$ 1,000 円

50,000 円 + 1,000 円 = 51,000 円

③ ①－②= 49,000 円

(2) 一括比例配分方式

① 売上げに係る消費税　1,100,000 円 $\times \frac{10}{110} =$ 100,000 円

② 仕入れに係る消費税

550,000 円 + 22,000 円 + 33,000 円 = 605,000 円

605,000 円 $\times \frac{10}{110} \times 50\% =$ 27,500 円

③ ①－②= 72,500 円

49,000 円 < 72,500 円

∴一括比例配分方式が有利　72,500 円

※土地の購入は非課税仕入となり，個別対応方式の場合，控除できません。

例　題

次の条件の下で，個別対応方式と一括比例配分方式における仕入税額控除の額を計算し，どちらの方法が有利か検討しなさい。

(1) 売上げに関する事項

商品売上高　968,000,000 円
土地売上高　440,000,000 円
受取利息　　3,000,000 円
受取配当金　67,000,000 円
上場株式売却益 5,000,000 円
(株式の譲渡対価の額は，100,000,000 円であり，課税売上割合の計算の時に，譲渡対価の 5%を算入すること)。
土地売上高，受取利息，受取配当金，上場株式益は，非課税である。

(2) 課税仕入れ等

① 課税売上げに係るもの

棚卸資産の仕入れ	300,000,000 円
その他の資産の購入・支出	23,000,000 円
経費の支払い	64,000,000 円

② 非課税売上げに係るもの

棚卸資産の仕入れ	280,000,000 円
経費の支払い	400,000,000 円

③ 課税・非課税に共通のもの

その他の資産の購入・支出	1,000,000 円
経費の支払い	50,000,000 円

すべて税込み金額であり，中間納付額は，2,400,000 円である。地方消費税中間納付額は，1,000,000 円である。

なお，課税売上げ割合は原則として端数処理はしないが，切捨て処理は認められているので，小数 5 位未満の端数は切り捨てる。課税売上高は，税抜き金額を求める必要があるが，しかし非課税売上高は，税は課されていないため，そのままの金額を使って，課税売上げ割合を求める。

【解　答】

(1) 課税標準額（千円未満切捨）

$$968{,}000{,}000\text{円} \times \frac{100}{110} = 880{,}000{,}000\text{円} \rightarrow 880{,}000{,}000\text{円}$$

(2) 消費税額

880,000,000円× 7.8% ＝ 68,640,000円

(3) 課税売上げ割合

① 課税売上高

880,000,000円＞ 500,000,000円

② 課税売上高＋非課税売上高

880,000,000 ＋ 440,000,000円 ＋ 3,000,000円 ＋ 100,000,000円 × 5% ＝ 1,328,000,000円

③ 課税売上割合

$\frac{①}{②}$ =0.662650（小数点5位未満の端数を切り捨てる）→ 0.662650

0.66265 ＜ 95%

(4) 控除税額（控除対象仕入税額）

① 個別対応方式

（イ）課税売上げに係るもの

(300,000,000円＋ 23,000,000円＋ 64,000,000円）× $\frac{7.8}{110}$ =27,441,818円

（ロ）課税・非課税に共通するもの

（1,000,000円＋ 50,000,000円）× $\frac{7.8}{110}$ × 66.265% ＝ 2,396,383円

（ハ）（イ）＋（ロ）＝ 29,838,201円

② 一括比例配分方式

（イ）課税仕入れ等の税額

（300,000,000円 ＋ 23,000,000円 ＋ 64,000,000円 ＋ 280,000,000円 ＋ 400,000,000円＋ 1,000,000円＋ 50,000,000円）× $\frac{7.8}{110}$ =79,276,363円

（ロ）仕入れに係る消費税額

（イ）× 66.265% ＝ 52,532,481円

③ ①＜② ∴ 52,532,481円（一括比例配分方式が有利）

(5) 差引税額（百円未満切捨）(2) － (4) ＝ 68,640,000円 － 52,532,481円 ＝ 16,107,519円→ 16,107,500円

(6) 中間納付額

2,400,000円

(7) 納付税額

(5) － (6) ＝ 13,707,500

(8) 地方消費税額（百円未満切捨）

(5) × 22% ＝ 3,543,650円→ 3,543,600円

(9) 地方消費税中間納付額

1,000,000 円

(10) 地方消費税納付税額

(8) − (9) ＝ 2,543,600 円

(11) 消費税及び地方消費税合計納付税額

(7) ＋ (10) ＝ 16,251,100 円

練習問題

1－1 次の事業者は，納税義務はありますか。

前々事業年度	前事業年度	当事業年度
課税売上高（税抜） 800万円		課税売上高（税抜） 1,200万円

1－2 次の事業者は，納税義務はありますか（ただし，この事業者は前々事業年度において，免税事業者であった)。

前々事業年度	前事業年度	当事業年度
課税売上高（税抜） 1,050万円		課税売上高（税抜） 800万円

1－3 次の資料に基づき，電子機器の小売業を営む京都株式会社の令和５年４月１日から令和６年３月31日までの課税期間（事業年度）に係る納付すべき消費税額を求めなさい。

(1) 当社は消費税の経理方法として税込経理方式を採用している。

(2) 商品は非課税取引とされるものではない。

(3) 商品売上高　440,000,000 円

(4) 商品仕入高　220,000,000 円

1－4 仙台商店は，卸売業を営んでいる。課税売上高（税込み）27,500,000 円，課税仕入高（税込み）33,000,000 円で，課税売上の割合は，95% 以上である。原則的な課税方式と簡易課税方式ではどちらが有利ですか。

1－5 次の条件の下で，個別対応方式と一括比例配分方式における仕入税額控除の額を計算し，どちらの方法が有利か検討しなさい。

課税仕入高（税込み価額）33,000,000円（課税対応）
課税仕入高（税込み価額）11,000,000円（その他対応）
課税売上げ割合は，60％

1－6 次の条件の下で，個別対応方式と一括比例配分方式における仕入税額控除の額を計算し，どちらの方法が有利か検討しなさい。

(1) 売上げに関する事項

商品売上高	980,560,000円
土地売上高	240,000,000円
受取利息	5,000,000円
受取配当金	2,000,000円
上場株式売却益	8,000,000円 （株式の譲渡対価の額は，140,000,000円であり，課税売上割合の計算の時に，譲渡対価の5％を算入すること）

土地売上高，受取利息，受取配当金，上場株式益は，非課税である。

(2) 課税仕入れ等

① 課税売上げに係るもの

棚卸資産の仕入れ	400,000,000円
その他の資産の購入・支出	100,000,000円
経費の支払い	600,000,000円

② 非課税売上げに係るもの

棚卸資産の仕入れ	200,000,000円
経費の支払い	300,000,000円

③ 課税・非課税に共通のもの

その他の資産の購入・支出	50,000,000円
経費の支払い	250,000,000円

すべて税込み金額である。

なお，課税売上げ割合は原則として端数処理はしないが，切捨て処理は認められているので，小数5位未満の端数は切り捨てます。

第2章
相　続　税

第1節　相続税の基本的な仕組み

1－1　相続税・贈与税とは何か

（1）相続税とは

相続税とは，人の死亡によって財産が移転する際に，その財産に対して課される税金をいいます。相続とは，相続の開始（被相続人の死亡）によって，**相続人**が被相続人の財産に属していた一切の権利義務を承継することです（民法896条）。この場合の**被相続人**とは，財産が相続される人のことをいい，すなわち亡くなった人のことをいいます。また，相続人とは，財産を相続する人のことをいい，民法によって相続人の範囲と順位が定められています。相続人となるべき人であっても，相続の開始があったことを知ったときから，3カ月以内に，相続の放棄を家庭裁判所に申述した場合には（民法915，938），その相続の放棄をした者は，その相続に関して，初めから相続人とならなかったものとみなされます（民法939）。

（2）贈与税とは

贈与税は，贈与によって，財産が移転する際に，その財産に対して課される税金をいいます。相続税のみが課されている場合には，生前に財産を贈与することにより，相続税を回避することが考えられます。このような生前贈与による租税回避を防止するため，贈与税が課税されることになっています。すなわち，贈与税は，相続税の補完税としての性格を有しています。

贈与税は，暦年課税となっており，その年の1月1日から12月31日までの間に贈与を受けた財産の価額をもとに，課税価格の計算をすることになっています。

贈与税の基礎控除額は110万円であり（相法21の5，措法70の2の2），課税価格からその基礎控除額である110万円を控除し，その控除後の価格に一定の税率を適用することにより，贈与税は，計算されます。

贈与税には配偶者控除があります。婚姻期間が20年以上である配偶者間の贈与であり，その贈与財産が，居住用不動産か，又は居住用不動産の取得のための金銭である場合に，2,000万円まで，**贈与税額控除**が認められています（相法21の6）。

配偶者に贈与しても，世代間の移転にはなりません。一次相続における相続税額が減っても，配偶者が亡くなって二次相続になると，相続税が逆に増えてしまいます。

（3）名義預金

相続税の申告では，名義預金がしばしば問題となります。名義は被相続人ではないですが，実質的に被相続人が負担した預金であれば，亡くなった被相続人の財産になりますので，相続財産として申告しなければなりません。

子供名義の預金通帳ではあるが，被相続人が印鑑を管理している場合，その通帳は，子供のものではなく，被相続人のものであると税務署は主張することでしょう。年間110万円までは，贈与税は非課税なので，非課税枠の範囲内で，現金を贈与し，贈与契約書を交わしておき，その子供に通帳と印鑑を管理させ，本人に預金を使わせたりすれば，被相続人ではなく，子供本人の財産と判断されることになります。

贈与契約書は，決まった用紙はありませんが，口座名や日付，そして誰から誰への贈与なのかを書かなければなりません。

専業主婦である妻が被相続人である夫の給料を妻名義で貯金していた場合，いわゆるへそくりですが，これも名義預金になります。妻も働いていて，収入がある場合だと，預金があってもおかしくないですが，専業主婦では，預金の出どころは明らかに夫ですので，相続財産であると判断されてしまいます。預金は税務署につつぬけですので，預金を調べられて，働いていない妻に多額の預金があれば，それは相続財産と判断されてしまいます。

子供が贈与という事実を認識していない場合もあります。たとえば，贈与税の非課税枠内で100万円ずつ毎年預金して，1,000万円の預金が出来上がっている場合があります。贈与していたつもりの父が子供たちに知らせる前に亡くなり，被相続人となり，税務調査の際，このことが発覚すると，名義預金とされ，相続税の対象とされてしまいます。

被相続人の通帳や印鑑と一緒に，子供たちの通帳や印鑑を箱や金庫にまとめていたりすると，税務調査の際に，名義預金であると判断されてしまいますので，注意しなければなりません。

例　題

京都太郎は，今年６月にＡから現金200万円を受け取った。この場合の贈与税額はいくらになるか。

【解　答】

（200万円－110万円）×10％＝9万円

〈贈与税の速算表〉

18歳以上（令和４年３月31日以前は20歳）の子・孫・ひ孫が直系尊属から受贈した場合			左以外		
110万円控除後			110万円控除後		
課税価格	税　率	控除額	課税価格	税　率	控除額
200万円以下	10%	0円	200万円以下	10%	0円
200万円超	15%	10万円	200万円超	15%	10万円
400万円超	20%	30万円	300万円超	20%	25万円
600万円超	30%	90万円	400万円超	30%	65万円
1,000万円超	40%	190万円	600万円超	40%	125万円
1,500万円超	45%	265万円	1,000万円超	45%	175万円
3,000万円超	50%	415万円	1,500万円超	50%	250万円
4,500万円超	55%	640万円	3,000万円超	55%	400万円

１－２　相続税を課税する根拠

相続税を課税する根拠としては，たとえば，次のようなものがあります。

（１）社会還元説

人が稼得した財産は，社会から何らかの利益を受けて形成されています。そこで，相続を機会に，相続税という形で，その社会から受けた利益で蓄積した財産を社会に還元すべきとするのが**社会還元説**です。

（２）所得税補完説

人は，所得を稼得すると，所得税が課されます。税制上の特典や租税回避などを利用して，その所得税を逃れることにより，財産が形成されていると考え，相続税は，そのようにして逃れた所得税を補完するものと考えるのが，**所得税補完説**です。

1－3　相続税の課税方法

相続税の課税方法には，**遺産課税方式**と**遺産取得課税方式**があります。遺産課税方式は，遺産そのものに課税する方法であり，また，遺産取得課税方式とは，取得した財産に課税する方式です。被相続人の遺産総額が1億円であるとすると，この遺産総額1億円に課税するのが，遺産課税方式です。また，相続人が取得した財産に課税するのが，遺産取得課税方式であり，相続人Aが取得した財産8,000万円と，同じく別の相続人Bが取得した財産2,000万円に課税されることになります。

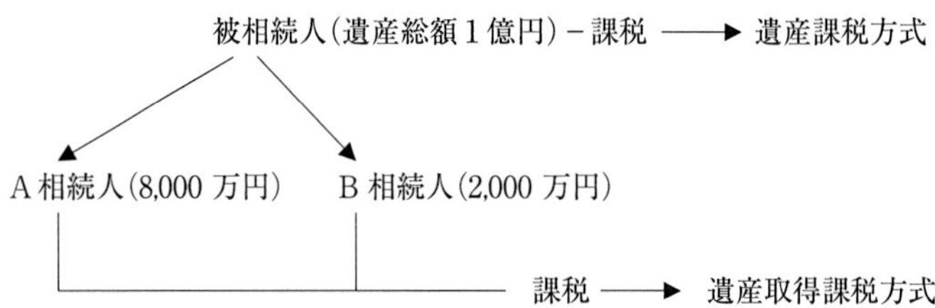

わが国の課税方式は，遺産取得課税方式と遺産課税方式の折衷法です。

1－4　相続税と民法

（1）相　続

相続は被相続人の死亡によって開始します（民法882）。また，失踪宣告を受けると，死亡したとみなされるので（民法31），死亡したとみなされたときに，相続が開始します。

相続人の欠格事由に該当する場合又は推定相続人の廃除を受けている場合には，その者は，相続権を失い，相続人にはなりえません。この場合の**欠格**とは，被相続人や他の相続人を殺害するなど一定の重大な非行があった場合に，法的に相続権をはく奪する制度をいいます（民法891）。また，**相続人の廃除**とは，被相続人を虐待するなど一定の事由がある場合に，被相続人の意思により，家庭裁判所に請求して，相続人の資格を失わせることをいいます（民法892，893）。

（2）相続人

相続人は，民法で定める相続人に該当するものをいいます。相続人には，**血族相続人**と**配偶者相続人**がいます。

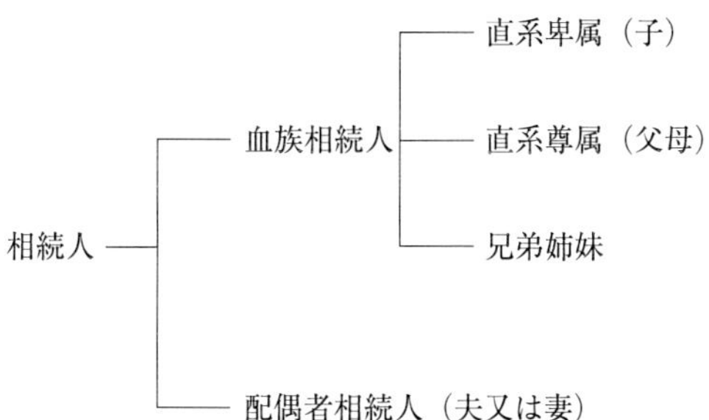

配偶者相続人は，常に第1順位の相続人となりますが，しかし血族相続人には，順番があります。血族相続人のうち，第1順位は，**直系卑属**すなわち，子が該当し，第2順位は，**直系尊属**すなわち，父母が該当し，第3順位は，兄弟姉妹が該当します（民法889）。

	血族相続人	配偶者相続人
1	直系卑属（子）	配偶者
2	直系尊属	
3	兄弟姉妹	

＊配偶者は常に相続人となります。
＊養子や非嫡出子も相続人となります。また，胎児も相続人となります（民法886）。**非嫡出子**とは，正式に婚姻をしていない男女間に生まれた子をいいます。

（3）遺　贈

遺贈とは，**遺言**により無償で財産を贈与することをいいます。遺贈は贈与に似ていますが，贈与が贈与者の生前の行為であるのに対して，遺贈とは，**遺贈者**の意思により，死後に効力が生じる行為であるところが異なります（民法964）。なお，遺贈者とは，遺言で財産を与える人をいい，受遺者とは，遺言で財産を受取る人をいいます。

①　包括遺贈と特定遺贈

包括遺贈とは，具体的に目的物を特定しないで財産を一定の割合で遺贈することをいい，**特定遺贈**とは，具体的に目的物を特定して遺贈することをいいます。なお，**包括受遺者**は，相続人と同一の権利義務を有する（債務があれば負担する）のに対して，**特定受遺者**は，遺言にない限り，債務があっても負担の義務はない点で異なります。

②　死因贈与

死因贈与とは，贈与者の死亡により効力を生ずる贈与をいいます（民法554）。死因贈与は，遺贈のうちに含めて相続税が課税されます。死因贈与は，双方の合意で成り立つ遺贈です。遺贈は，遺言者からの一方的な意思表示であり，受遺者が拒否すれば成立しません。新贈与契約は，口約束でも成立しますが書面にするのが適切です。

1－5　代襲相続

代襲相続とは，被相続人の子又は兄弟姉妹が相続人になれない場合に，その者の子・孫など本来相続権のない者が代わりに相続することをいいます（民法887の2，3，889の2）。代襲相続人となるものには，次の要件が必要になります。なお，兄弟姉妹の代襲相続人は，兄弟姉妹の子に限定されます（民法889）。

代襲相続の原因には，次のようなものがあります。

① 被相続人の子が，相続の開始前に死亡した場合
② 被相続人等を殺害したり，遺言書を偽装したりして，相続権が剥奪された場合（相続欠格）（民法 891）
③ 被相続人に対する虐待や侮辱があり，相続権が剥奪された場合（廃除）（民法 892）

１－６　相続分

（１）法定相続分

被相続人が遺言で指示を行ったとき（指定相続分）は，その内容が優先しますが，しかし遺言がないときは，法定相続分が遺産の承継割合になります。法定相続分は，相続人となった血族相続人と配偶者との組み合わせで次のページの通りとなっています（民法 900）。

相続人については，遺言によっても侵害できない財産が保障されており，その保障された財産を**遺留分**といいます（民法 1028 の 1）。被相続人が自分の財産をすべて血縁関係のない愛人に残すという遺言が出てきたら大変です。そのようなことがおこらないように，民法で遺留分が定められています。遺留分は，相続人全体で全財産の２分の１です。各相続人の遺留分は，この２分の１を法定相続分で配分したものになります。また，相続人が子か配偶者又はその双方である場合には，被相続人の財産の２分の１となります（民法 1028 の 2）。また，相続人のうち兄弟姉妹には遺留分の権利はありません。また遺留分の減殺請求は，遺留分を侵害されていることを知った日から１年以内に行わなければなりません。

取得した財産が遺留分よりも少なかった相続人は，遺留分を侵害している受遺者や受贈者あるいはほかの相続人に対して不足分を請求することができます。これを遺留分減殺請求といいます。

また，法定相続人とは，**相続の放棄**があっても，その放棄がなかったものとした場合の相続人のことをいいます（相法19の3①，相法15)。

相続人	法定相続分	適　用
子と配偶者	配偶者 $\frac{1}{2}$　子 $\frac{1}{2}$	
配偶者と直系尊属	配偶者 $\frac{2}{3}$　直系尊属 $\frac{1}{3}$	
配偶者と兄弟姉妹の場合	配偶者 $\frac{3}{4}$　兄弟姉妹 $\frac{1}{4}$	父母の一方を同じくする兄弟姉妹（半血兄弟姉妹）の相続分は，父母の双方を同じくする兄弟姉妹（全血兄弟姉妹）の $\frac{1}{2}$

＊遺留分①相続人が直系尊属だけの場合－$\frac{1}{3}$

②相続人が子か配偶者又はその双方である場合－$\frac{1}{2}$

（2）指定相続分

相続人が2人以上いる場合，被相続人は，遺言で相続人のうち1人ないし数人，又は全員について，その相続分を指定することができます（民法902)。被相続人は，法定相続分と異なった割合を定めることができますが，遺留分を侵害することはできません。

次の場合における法定相続分を求めなさい。なお，被相続人甲の遺言によれば，Aの相続分は $\frac{1}{3}$ とすることになっている。

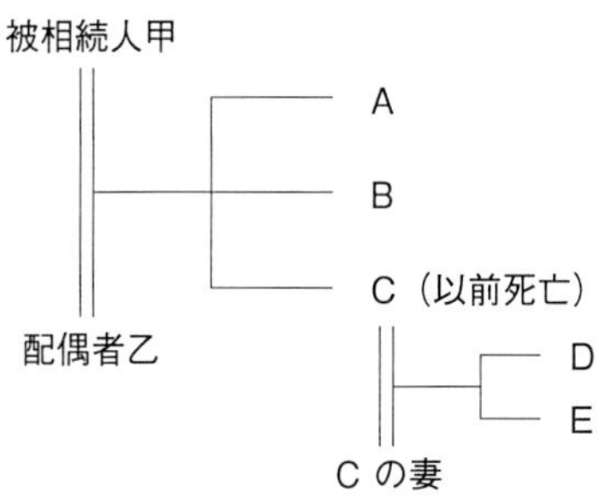

【解　答】

相続人	法定相続分
配偶者乙	$\frac{2}{3}\times\frac{1}{2}$
A	$\frac{1}{3}$
B	$\frac{2}{3}\times\frac{1}{2}\times\frac{1}{2}$
D	$\frac{2}{3}\times\frac{1}{2}\times\frac{1}{2}\times\frac{1}{2}$
E	$\frac{2}{3}\times\frac{1}{2}\times\frac{1}{2}\times\frac{1}{2}$

1－7　相続の承認と放棄

（1）相続の承認

被相続人の財産に属していたすべての権利義務は相続の開始により包括的に相続人に承継されることとされています。この財産承継について，相続人はこの承継を全面的に承継するか，全面的に拒否するかのいずれかを選択することができることになっています（民法 915 ～ 919)。そして，財産を承継することを**相続の承認**といいます。また，この場合の財産には，債務も含まれます。

相続の承認には，**単純承認**と**限定承認**があります。単純承認とは，被相続人の権利義務を無限に承継するものであり（民法 920，921），限定承認とは，相続によって得た財産の限度で被相続人の債務等を弁済することとするものです（民法 922，923)。サラリーマンで収入が多いわけでもない被相続人がギャンブル好きで頻繁に海外旅行に行っていたとしたら，債務が多いかもしれませんので，限定承認が無難かもしれません。被相続人が自営業を営んでいて，債務の額がはっきりわからない場合も，限定承認が適切かもしれません。被相続人にいくら財産があるか，あるいはいくら借金があるかわからない場合は，限定承認が適切でしょう。しかし限定承認をする場合は，相続開始を知った日から３カ月以内に財産目録を作成し，家庭裁判所に申述しなければなりません。また限定承認は相続人が共同で行いますので，相続人全員の合意が必要です。１人でも反対者がいれば限定承認は行えません。

（２）相続の放棄

相続の放棄とは，相続人の地位にあるものが被相続人からの財産承継である相続を全面的に拒否することをいいます（民法 938)。これにより，相続人は，自己の相続に関して初めから相続人とならなかったとみなされます（民法 939)。したがって，放棄者の子は，放棄者を代襲して相続することはできません（民法 887)。相続を放棄する場合には，相続の開始を知った日から３カ月以内に，家庭裁判所に相続放棄申述書を提出しなければなりません（民法 915，938)。

例　題

次の資料により，各相続人の法定相続分を求めなさい。

(1)

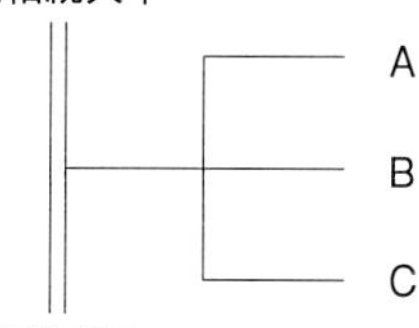

(2)

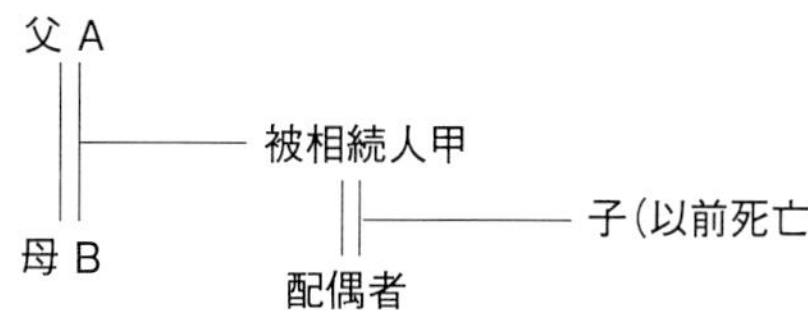

【解　答】

(1)　乙　$\frac{1}{2}$

A, B, C　$\frac{1}{2}\times\frac{1}{3}$

(2)　乙　$\frac{2}{3}$

A, B　$\frac{1}{3}\times\frac{1}{2}$

1－8　相続税額の計算の概要

Ⅰ　相続税の総額の計算

次の手順で行います。

(1) 課税価格の合計額を求める。

(2) 遺産にかかる基礎控除額を求める。

(3) 課税遺産総額を算出する。

(1) － (2)

(4) 法定相続人が法定相続分に応じて取得したものとした場合の各取得金額を求める。

(5) 相続税の総額の基となる税額を求める。

(6) 相続税の総額の基となる税額を合計して相続税の総額を算出する。

＊法定相続分による遺産取得課税方式－被相続人の財産を相続人等の間でどのように分割したかには関係なく，課税遺産総額を法定相続人が法定相続分どおり取得したものと仮定して税額計算を行うという点に特徴がある。

1　遺産に係る基礎控除額

(1) 計算方法

遺産に係る基礎控除額＝ 3,000 万円＋ 600 万円×法定相続人の数

(2) 法定相続人の意義

相続の放棄があった場合にはその放棄がなかったものとした場合の相続人のことをいう。

(3) 養子の人数制限

① 被相続人に実子がある場合又は被相続人に実子がなく，養子の数が１人である場合―１人

② 被相続人に実子がなく，養子の数が２人以上である場合―２人

＊相続人に実子がある場合には１人に，実子がないときは２人までに制限する。

2　みなし相続財産

生命保険金や死亡退職金のように，被相続人が死亡した後に相続人が受け取る財産のことをみなし相続財産といいます。ただし，非

課税限度額が設けられていて，その非課税限度額を超えた分が相続財産になります。詳しくは，相続税のタックス・プランニングで学習します。

3　生前贈与加算

相続又は贈与によって財産を取得した者が，その相続に係る被相続人から相続開始前3年以内に財産の贈与を受けている場合に，贈与財産の価額を相続税の課税価格に加算します（相法19)。

この場合の加算される価額は，その財産の相続時の価額ではなく，贈与時の価額によります。

また，相続税の課税価格に加算された贈与財産について贈与税が課税されているときは，贈与税額控除が適用されます。

4　債務控除

被相続人の債務と，葬式費用に関しては，相続財産から控除できます。詳しくは，相続税のタックス・プランニングで学習します。

5　特別受益者の相続分

特別受益者がいる場合は，相続財産に特別受益者の贈与財産を加えます。特別受益には，被相続人に家を建ててもらったとか，結婚式の費用を負担してもらったとか，会社設立の際に，事業資金を出してもらったとかが該当します。

Ⅱ　納付税額の計算

次の手順で行います。しかし税額の控除は，相続税のタックス・プランニングで扱いますので，ここでは説明を省略します。

(1) 各人の相続税額の計算

(2) 相続税額の加算

(3) 各相続税額の控除

1　各人の相続税額の計算

(1) 按分割合＝$\dfrac{\text{その者の課税価格}}{\text{課税価格の合計額}}$

(2) 各人の相続税額＝相続税の総額×按分割合

2　相続税額の加算

(1) 趣　旨

孫に財産を遺贈した場合には，相続税の課税を１段階のがれることになるので，それを防ぐためや，兄弟姉妹については，財産を取得することは偶然性が高いことなどから加算が行われます。

(2) 加算対象者

① 一親等の血族（代襲相続人を含む）
② 配偶者

以外のもの

(3) 加算額

各人の相続税額×$\dfrac{20}{100}$

例　題

次の資料に基づいて，京都太郎に係る各相続人及び受遺者の納付すべき相続税額を計算過程を示して求めなさい（ただし，税額控除の計算はしない）。

被相続人京都太郎は，令和４年10月20日京都市北区上賀茂の自宅において死亡し，相続人等は，その日に相続の開始を知った。

1　被相続人の相続人等の関係は，次のとおりである。なお，被相続人京都太郎の相続人等は，すべて日本国内に住所を有している。すなわち，京都太郎の相続人等は，無制限納税義務者である(注)。

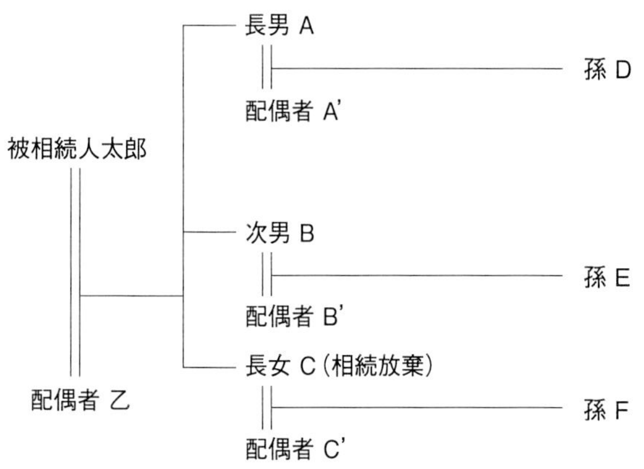

（注）

無制限納税義務者とは，国内居住者と国外居住者で日本国籍を有するものをいう。無制限納税義務者は，相続や遺贈で取得した財産の全部に対して相続税が課税される，これに対して，制限納税義務者とは，国外居住者をいう。制限納税義務者は，日本国内にある財産を取得した場合にのみ課税される。

被相続人太郎の相続について，長女Ｃは，家庭裁判所に申述し，正式に相続の放棄をしている。

2　被相続人の財産は，次のとおりであり，令和５年６月19日に相続人間で協議を行い，それぞれ下記のとおり分割により取得することに決定した。

（1）配偶者乙

①	宅地	80,000,000円
②	家屋	5,000,000円
③	定期預金	60,000,000円
④	現金	200,000円
⑤	家庭用財産	1,000,000円
	合　計	146,200,000円

（2）長男Ａ

①	宅地	10,000,000円
②	家屋	3,000,000円
③	株式	30,000,000円
④	定期預金	12,000,000円
⑤	自動車	1,800,000円
	合　計	56,800,000円

(3) 次男B
① 宅地 50,000,000円
② 家屋 5,000,000円
③ 株式 7,000,000円
合　計 62,000,000円

(4) 孫D
① 株式 2,000,000円
② 定期預金 4,000,000円
合　計 6,000,000円

(注) 孫Dは，被相続人の正式な遺言により，財産を取得している。

3　生命保険金及び非課税金額

(1) 相続又は遺贈により取得したとみなされる保険金等の額
配偶者乙 30,000,000円
長男A 20,000,000円
長女C 25,000,000円

(2) 非課税金額
配偶者乙 12,000,000円
長男A 8,000,000円

(注) 長女Cは相続人でないため適用なし。

4　債務控除額

(1) 債　務
長男A 1,000,000円
次男B 5,000,000円

(2) 葬式費用
配偶者乙 4,400,000円

5　被相続人太郎の生前において，相続人等が太郎から贈与された財産は，次のとおりである。

受贈年月日	受贈者	受贈財産	財産の相続時の価額	財産の贈与時の価額
平成30年3月6日	長女C	土地	20,000,000円	14,000,000円
令和 3 年8月23日	長男A	現金	4,000,000円	4,000,000円
令和 3 年11月4日	孫E	株式	3,000,000円	3,200,000円

(注) 長男Aは，生前贈与加算するが，贈与税の申告をしていないので，

贈与税額控除の適用なし。

〈相続税の速算表〉

法定相続人の取得金額	税率	控除額	法定相続人の取得金額	税率	控除額
3,000万円以下	15%	50万円	3億円以下	45%	2,700万円
5,000万円以下	20%	200万円	6億円以下	50%	4,200万円
1億円以下	30%	700万円	6億円超	55%	7,200万円
2億円以下	40%	1,700万円			

〈贈与税の速算表〉

18歳（令和4年3月31日以前は20歳）以上の子・孫・ひ孫が直系尊属から受贈した場合			左以外		
110万円控除後			110万円控除後		
課税価格	税率	控除額	課税価格	税率	控除額
200万円以下	10%	0円	200万円以下	10%	0円
200万円超	15%	10万円	200万円超	15%	10万円
400万円超	20%	30万円	300万円超	20%	25万円
600万円超	30%	90万円	400万円超	30%	65万円
1,000万円超	40%	190万円	600万円超	40%	125万円
1,500万円超	45%	265万円	1,000万円超	45%	175万円
3,000万円超	50%	415万円	1,500万円超	50%	250万円
4,500万円超	55%	640万円	3,000万円超	55%	400万円

【解　答】

Ⅰ　相続税の課税価格の計算

1　相続により取得した財産

(1) 配偶者乙　146,200,000円

(2) 長男A　56,800,000円

(3) 次男B　62,000,000円

2　特定遺贈により取得した財産

孫D　6,000,000円

3　生命保険金及び非課税金額の計算

(1) 相続又は遺贈により取得したとみなされる保険金等の額

配偶者乙　30,000,000 円

長男 A　20,000,000 円

長女 C　25,000,000 円（相続を放棄していても，保険金は受け取れる。）

(2) 非課税金額

配偶者乙　12,000,000 円

長男 A　8,000,000 円

(注) 長女 C は相続人でないため適用なし。

4　債務控除額の計算

(1) 債　務

長男 A　1,000,000 円

次男 B　5,000,000 円

(2) 葬式費用

配偶者乙　4,400,000 円

5　相続税の課税価格に加算される生前贈与財産の価額

長男 A　4,000,000 円

長女 C の場合には，相続開始前 3 年以内のものでないため適用なし。

孫 E は，相続又は遺贈により財産を取得していないため適用なし。

Ⅱ　相続税の総額の計算

1　課税価格の合計額　319,600,000 円

2　遺産に係る基礎控除額

30,000,000 円＋ 6,000,000 円× 4 ＝ 54,000,000 円

3　課税遺産総額

319,600,000 円－ 54,000,000 円＝ 265,600,000 円

4　法定相続分に応ずる取得金額（千円未満切捨）

配偶者乙 ｝265,600,000 円× $\frac{1}{2}$ ＝ 132,800,000 円

A ｝265,600,000 円× $\frac{1}{2}\times\frac{1}{3}$ ＝ 44,266,000 円

B ｝265,600,000 円× $\frac{1}{2}\times\frac{1}{3}$ ＝ 44,266,000 円

C ｝265,600,000 円× $\frac{1}{2}\times\frac{1}{3}$ ＝ 44,266,000 円

5　相続税の総額のもととなる税額

配偶者乙 132,800,000 円× 40％－ 17,000,000 円＝ 36,120,000 円

A　44,266,000 円× 20％－ 2,000,000 ＝ 6,853,200 円

B　6,853,200円

C　6,853,200円

6　相続税の総額

36,120,000円＋6,853,200円×3＝56,679,600（百円未満切捨）

Ⅲ　納付すべき相続税額の計算

1　按分割合（実際に取得した財産の比で按分）

乙	159,800,000円	÷ 319,600,000円	＝0.5	
A	71,800,000円		＝0.2246	→ 0.22
B	57,000,000円		＝0.1783	→ 0.18
C	25,000,000円		＝0.0782	→ 0.08
D	6,000,000円		＝0.0187	→ 0.02
			合計	1.00

※通常小数点3位まで求めて四捨五入する（合計1になるようにする）。

2　算出税額

乙	56,679,600円	×0.5＝28,339,800円
A		×0.22＝12,469,512円
B		×0.18＝10,202,328
C		×0.08＝4,534,368円
D		×0.02＝1,133,592

3　相続税額の2割加算

孫D　1,133,592円×$\frac{20}{100}$＝226,718円

（単位：円）

	配偶者乙	A	B	C	D	合　計
取得原因	相続	相続	相続	遺贈	遺贈	
Ⅰ各人の課税価格の計算						
相続財産	146,200,000	56,800,000	62,000,000			
特定遺贈財産					6,000,000	
生命保険金等	30,000,000	20,000,000		25,000,000		
同上の非課税金額	△12,000,000	△ 8,000,000				
債　務		△ 1,000,000	△ 5,000,000			
葬式費用	△ 4,400,000					
生前贈与加算		4,000,000				
課税価格（千円未満切捨て）	159,800,000	71,800,000	57,000,000	25,000,000	6,000,000	319,600,000
Ⅱ各人の算出税額の計算						
相続税の総額	36,120,000	6,853,200	6,853,200	6,853,200		56,679,600
按分割合	0.5	0.22	0.18	0.08	0.02	1.00
算出相続税額	28,339,800	12,469,512	10,202,328	4,534,368	1,133,592	
相続税額の加算額					226,718	
納付税額（百円未満切捨て）	28,339,800	12,469,500	10,202,300	4,534,300	1,360,300	

1－9　遺　言

相続が争族にならないために，遺言があります。遺言は亡くなった方の意思ですので，相続人も理不尽な分配でなければ，その意思は尊重されるでしょう。遺言がなくても，法定相続分がありますが，被相続人の意思で，誰にどのぐらいの財産を残すか指定できますし，またお世話になった方等にも，相続人でなくても，遺言書を作成しておけば，被相続人は財産を残すことができます。

遺言には，他にも利点があります。たとえば，夫婦間に子供がいない場合や，内縁の妻に財産を残したい場合，子供に貢献度を考慮して財産を分配したい場合などに遺言は有効です。

一般的に利用されている遺言には，**自筆証書遺言**と**公正証書遺言**の２種類があります。自筆証書遺言は，自分で書いて作成する遺言です。自筆証書遺言は，１人で作成でき，遺言内容を秘密にできるというメリットがあります。しかし些細なミスで無効になったり，紛失や改ざんされたりする恐れがあります。

公正証書遺言は，遺言したい内容を公証人に伝え，公証人が書面にしてくれるというものです。公正証書遺言は，不備による無効の心配がなく，紛失や改ざんの心配がないというメリットがあります。しかし費用が掛かりますし，公証人から秘密が漏れる恐れがあります。

自筆証書遺言書の場合，自分で書かなければなりませんし，日付は年月日まで正確に書き，署名押印する必要性があります。用紙や筆記具は自由で，書式は自由です。

公正証書遺言の場合，自分で選んだ証人２人以上と一緒に公証役場に出向き，証人と公証人の前で遺言内容を口述します。遺言者が公述した遺言内容は，公証人が法に定められた方式で文章化します。それを遺言者と証人の前で読み上げ，内容に間違いがないかを確認したのち，遺言者，証人，公証人がそれぞれ署名押印すれば遺言は完成です。

第２節　相続税のタックス・プランニング

２－１　贈与税のタックス・プランニング

２－１－１　贈与税の基礎控除

贈与税には，基礎控除があります（相法21の5，措法70の2の2）。1月1日から12月31日までの1年間で，110万円の基礎控除が認められています。この基礎控除は，贈与を受ける者１人に対して，110万円が認められていますので，たとえ10人に贈与した場合でも，その10人それぞれから，基礎控除である110万円を控除することができます。

例　題

京都市北区上賀茂に住所を有する京都花子（年齢20歳以上であり，婚姻期間は20年以上である）が令和5年において贈与により取得した財産は次の通りである。令和5年の贈与税額を求めなさい。

令和5年5月 夫より居住用不動産30,000千円（花子は，5月よりその居住用不動産に居住しているので，贈与税の配偶者控除の適用を受ける）
令和5年6月 父より現金4,000千円
令和5年6月 京都株式会社から土地10,000千円
令和5年7月 満期保険金3,000千円（保険料の負担割合父 $\frac{1}{5}$，夫 $\frac{2}{5}$，本人 $\frac{2}{5}$）

なお，父は令和5年11月交通事故により死亡した。父の相続について，花子は相続人として，相続により財産を取得した。

【解　答】

（30,000千円＋3,000千円× $\frac{2}{5}$ －20,000千円（注1）－1,100千円）＝10,100千円×45％－1,750千円＝2,795千円

（注1）30,000千円≧20,000千円∴20,000千円
婚姻期間が20年以上である配偶者に関して，居住用不動産又は居住用不動産の取得のための金銭の贈与があった場合には，贈与税の配偶者控除の特例が規定され，申告することを要件に，贈与税の課税価格から最高2,000万円が控除される。
（注2）相続開始年分の被相続人からの贈与は非課税（4,000千円＋3,000千円× $\frac{1}{5}$）
（注3）法人からの贈与は非課税（10,000千円）

２－１－２　贈与税の非課税財産

相続税法によると，次の７つの財産に関しては，課税されないことになっています（相法21の3，21－4）。

(1) 法人から受けた贈与財産
(2) 生活費や教育費に充てるための扶養義務者間の贈与で通常必要なもの
(3) 一定の要件に該当する公益事業者が取得した公益事業財産
(4) 特定公益信託で一定のものから交付される金品
(5) 心身障害者扶養共済制度に基づく給付金の受給権
(6) 公職選挙の候補者が受ける贈与財産
(7) 特別障害者が受ける信託受益権で6,000万円までのもの

これ以外に，社交上の必要による香典，花輪代，年末年始の贈答，祝金，見舞金などで社会通念上相当と認められるものも非課税とされています（相基通21の3－9）。

２－１－３　住宅取得等資金の贈与にかかる非課税の特例

住宅を取得する場合に，18歳（令和4年3月31日以前は20歳）以上の子や孫が親等から資金援助を受けた場合には，令和4年1月1日から令和5年12月31日までの贈与に限り，省エネ等住宅の場合1,000万円まで，それ以外は500万円まで，贈与税が課税されないことになっています（措法70の2）。また，贈与税には基礎控除110万円があります。

２－２　みなし相続財産のタックス・プランニング

相続税法上，相続又は遺贈によって取得したものとみなされる財産があります。この相続又は遺贈によって取得したとみなされる財産を取得した場合は，その財産を取得したものが相続人であるとき

は，相続によって取得したとみなされ，その財産を取得したものが相続人以外のものであるときは，遺贈によって取得したものとみなされます。

2－2－1　生命保険金等

被相続人の死亡により取得した**生命保険金等**は，その保険金等の受取人である相続人その他の者が保険金を取得することになっているものであり，民法上の相続の効果として取得するものではなく，本来の相続財産ではありません。

しかしながら，被相続人が保険料を負担し，その被相続人の死亡により，相続人その他の者が生命保険金を受け取っており，その経済的実質は，相続財産と変わりはありません。そこで，相続人その他の者が取得した生命保険金等に関しては，相続又は遺贈により取得したものとして，相続税を課税することにしています。

被相続人の死亡を原因として，相続人その他の者が生命保険金等を取得した場合において，生命保険契約の保険料の全部又は一部を被相続人が負担しているときは，その受け取った保険金等は，相続又は遺贈により取得したものとみなされます（相法3①一）。

$$\text{課税の対象額}=\text{取得した保険金額}\times\frac{\text{被相続人が負担した保険料}}{\text{払込保険料の全額}}$$

生命保険金等に関して非課税控除があります。相続人（相続の放棄をした者及び相続権を失った者を含まない）が相続により取得したとみなされる生命保険金等を取得した場合に，500万円×法定相続人（相続の放棄があった場合にはその放棄がなかったものとした場合の相続人）の数を乗じた金額が非課税限度額となります。

生命保険金にかかる税は，保険料負担者，被保険者，保険金の受取人により，変わります。被相続人が保険料負担者，そして被保険者であり，妻が受取人である場合，被相続人が死亡した場合には，相続税がかかります。

被相続人が保険料負担者で，被保険者が妻であり，保険金受取人が被保険者の場合，妻に生命保険契約に関する権利が発生し，生命保険契約の解約返戻金相当額が相続財産としての価額になります。

保険料負担者が夫で，妻が被保険者，受取人が子供の場合に，妻が死亡した場合には，その子供に贈与税がかかります。

10年満期払いの一時払い養老保険に夫が入っていて，70歳になり満期金が受け取れる場合で，保険料負担者，被保険者，そして保険金受取人がすべて夫であれば，この満期保険金は一時所得になります。

〈非課税金額〉

① 相続人の全員が取得した保険金の合計額≦保険金の非課税限度額
取得した保険金の全額が非課税金額となる。

② 相続人の全員が取得した保険金の合計額＞保険金の非課税限度額
次の算式で計算した金額が非課税金額となる。

$$\text{保険金の非課税限度額} \times \frac{\text{その相続人が取得した保険金の額}}{\text{すべての相続人が取得した保険金の合計額}}$$

[保険金の非課税限度額]

500万円×法定相続人（相続の放棄があった場合にはその放棄がなかったものとした場合の相続人）の数

例　題

生命保険金等の非課税金額を計算しなさい。

被相続人甲の相続人等は，次の図に示すとおりである。

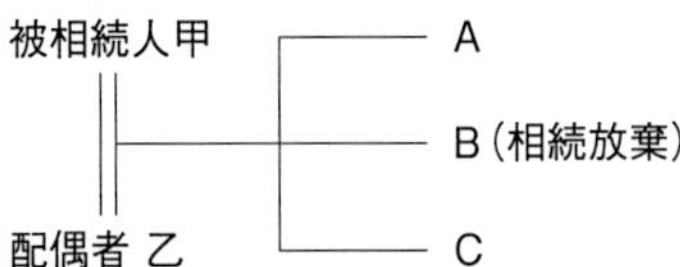

相続人甲の相続人等が被相続人甲の死亡により取得した生命保険金は次のとおりであり，各保険金に係る保険料は，全額を被相続人甲が負担している。

配偶者乙5,000 千円
A　　10,000 千円
B　　3,000 千円

【解　答】

5,000 千円× 4（法定相続人の数）＝ 20,000 千円≧ 5,000 千円＋ 10,000 千円＝ 15,000 千円

配偶者　5,000 千円
A　　10,000 千円
B は相続人でないため適用なし（放棄者は，保険金は受け取れるが，非課税にはならない）。

2－2－2　退職手当金

被相続人の死亡により取得した**退職手当金等**は，相続人その他の者が被相続人の雇用主から直接取得することになっているものであり，本来の相続財産ではありません。

しかしながら，被相続人が死亡の直前に退職手当金等の支給を受けている場合には，その退職手当金等が被相続人の遺産に含め

れ，相続税の課税対象となります。

被相続人の死亡を原因として，相続人その他のものが退職手当金等を取得した場合において，その受け取った退職手当金等は，相続又は遺贈により取得したものとみなされます（相法3①二）。

退職手当金に対して非課税控除があります。相続人（相続の放棄をした者及び相続権を失った者を含まない）が相続により取得したとみなされる退職手当金等を取得した場合に，500万円×法定相続人（相続の放棄があった場合にはその放棄がなかったものとした場合の相続人）の数を乗じた金額が非課税限度額となります。

〈非課税金額〉

① 相続人の取得した退職手当金等の合計額≦退職手当金等の非課税限度額

その相続人の取得した退職手当金等の合計額

② 相続人の全員が取得した退職手当金等の合計額＞退職手当金等の非課税限度額

$$\text{退職金の非課税限度額} \times \frac{\text{その相続人が取得した退職手当金の額}}{\text{すべての相続人が取得した退職手当金の合計額}}$$

［退職手当金等の非課税限度額］

500万円×法定相続人（相続の放棄があった場合にはその放棄がなかったものとした場合の相続人）の数

例　題

退職手当金等の非課税金額を計算しなさい。

被相続人甲の相続人等は，次の図に示すとおりである。

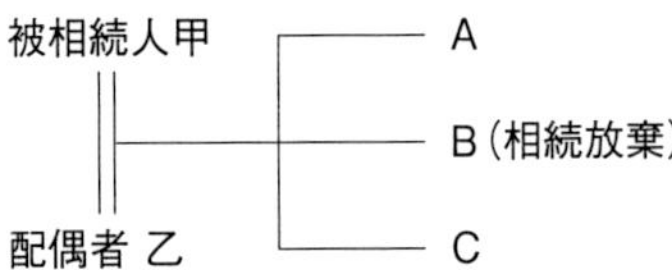

相続人甲の相続人等が被相続人甲の死亡により取得した退職手当金等は次のとおりである。

配偶者乙　30,000 千円
A　　　　10,000 千円

【解　答】

5,000 千円× 4（法定相続人の数）＝ 20,000 千円＜ 30,000 千円＋ 10,000 千円＝ 40,000 千円

配偶者乙 ─┐　　　┌ 30,000 千円 / 40,000 千円 ＝ 15,000 千円
　　　　　├ 20,000 千円× ┤
A ────┘　　　└ 10,000 千円 / 40,000 千円 ＝ 5,000 千円

例　題

退職手当金等の非課税金額を計算しなさい。

被相続人甲の相続人等は，次の図に示すとおりである。

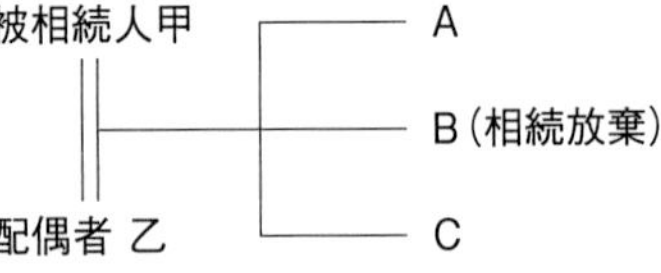

相続人甲の相続人等が被相続人甲の死亡により取得した退職手当金等は次のとおりである。

配偶者乙　5,000 千円
A　　　　10,000 千円

【解　答】

5,000千円×4（法定相続人の数）＝20,000千円≧5,000千円＋10,000千円＝15,000千円

配偶者乙 5,000千円
A　　　10,000千円

2－2－3　生命保険契約に関する権利

生命保険契約において，その生命保険契約を解約した場合に，解約返戻金が支払われるものについては，その解約返戻金は，契約者に支払われます。すなわち，保険事故発生前においては，生命保険契約の解約返戻金相当額の利益は，保険契約者の実質的な財産となり，相続税の課税の対象とされます。

相続開始のときにおいて，まだ保険事故が発生していない生命保険契約で，被相続人が保険料の一部又は全部を負担し，かつ被相続人以外のものがその生命保険契約の契約者である場合には，その契約者について，下記の算式で計算した金額が，相続又は遺贈により取得したものとみなされます。ただし，掛捨保険に関しては，解約しても返戻金がないため，課税されません。

たとえば，契約者が妻，被保険者が妻，保険料負担者が夫で，死亡した場合に，契約者である妻は，保険を解約して解約返戻金を受け取れ，これが生命保険契約に関する権利です。

$$課税の対象額＝解約返戻金×\frac{被相続人が負担した保険料}{払込保険料の全額}$$

2－3　債務控除のタックス・プランニング

2－3－1　債務控除とは

相続税は，相続又は遺贈により取得した財産に担税力を求めて課税することになっています。そこで，相続税では，財産を取得した人が被相続人の債務を継承して，負担したときは，正味財産課税を実現するため，その負担した債務を控除することになっています(相法13)。なお，葬式費用は特別に控除できます。

2－3－2　債務控除の適用対象者と範囲

（1）適用対象者

債務控除の適用対象者は，相続人（相続の放棄をした者及び相続権を失った者を含まない）と包括受遺者（特定遺贈された者ではない。特定遺贈された者であっても，相続人であれば，控除できる。相続時精算課税制度により財産取得した者も含む）となります。

（2）控除できる債務の範囲

控除できる債務は，被相続人の債務で相続開始の際，現に存するもの（公租公課を含む）となります。また，土地購入未払金，銀行借入金，未納公租公課は控除できますが，しかし墓地購入未払金，仏壇購入未払金は，控除できません（非課税財産にかかる債務）。

2－3－3　葬式費用の適用対象者と範囲

（1）適用対象者

葬式費用の適用対象者は，相続人と包括受遺者になります。また，相続放棄者及び相続喪失者であっても実際に葬式費用を負担した場合には控除できます。この点は，債務控除と異なるので，注意する必要があります。

（２）控除できる葬式費用の範囲

葬式費用には，控除できる葬式費用と控除できない葬式費用があります（相基通13－4，13－5）。

①　控除できる葬式費用

・本葬式費用
・仮葬式費用
・通夜費用
・お布施
・遺体運搬費用

②　控除できない葬式費用

・香典返戻費用
・墓地購入費用
・初七日の法会費用
・遺体解剖費用
・仏壇購入未払金

例　題

次の場合の債務控除はいくらか。

(1) 被相続人甲の相続人等の状況は次のとおりである。

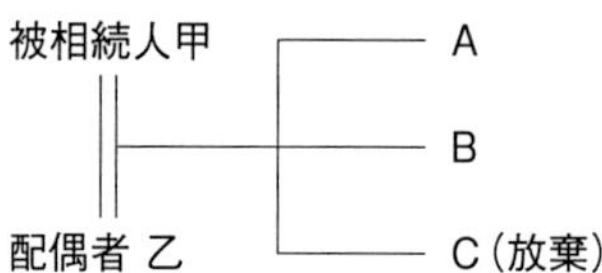

(注) 相続人等は，すべて日本国内に住所を有している。

また上記に掲げる者は，すべて相続又は遺贈により財産を取得している。

(2) 被相続人甲の相続開始時における債務は次のとおりであり，それぞれに掲げるものが負担した。

①	銀行借入金	20,000千円	配偶者乙
②	墓地購入未払金	1,200千円	A
③	仏壇購入未払金	2,000千円	B
④	未納公租公課	2,400千円	C

(3) 被相続人甲の葬式の前後に負担した費用は次のとおりであり，それぞれ次のものが負担した。

①	通夜費用	800千円	C
②	告別式費用	2,000千円	配偶者乙
③	初七日の法会費用	400千円	配偶者乙
④	香典返戻費用	1,000千円	A
⑤	墓碑購入費用	500千円	B

【解　答】

・債　務

配偶者乙　20,000千円

A　墓地購入未払金は控除できない

B　仏壇購入未払金は，控除できない

C　相続人でないため適用なし

・葬式費用

C　　　　800千円

配偶者乙　2,000千円

初七日の法会費用は控除できない

A　香典返戻費用は控除できない。

B　墓碑購入費用は，控除できない。

上記の債務について相続税の申告期限までに負担者及び負担金額がともに定まっていない場合はどうなるか。

20,000千円＋2,400千円＝22,400千円

墓地購入未払金は控除できない

仏壇購入未払金は控除できない

配偶者乙 $22{,}400\text{千円} \times \frac{1}{2} = 11{,}200\text{千円}$

A $22{,}400\text{千円} \times \frac{1}{2} \times \frac{1}{2} = 5{,}600\text{千円}$

B $22{,}400\text{千円} \times \frac{1}{2} \times \frac{1}{2} = 5{,}600\text{千円}$

２－４　税額控除のタックス・プランニング

算出した各相続人の相続税額から税額控除を差し引くことができます。相続税では，①**贈与税額控除**，②**配偶者の税額軽減**，③**未成年者控除**，④**障害者控除**，⑤**相次相続控除**，⑥**外国税額控除**があります。

２－４－１　贈与税額控除

相続開始前３年以内の贈与財産には相続税が課税されます。しかし，贈与された時点で贈与税を納めている場合には，贈与時に納めた贈与税額を控除することができます。贈与を受けた年分の贈与税額のうち，相続税の課税価格に加算された贈与財産に対応する税額を控除することができます。

$$\text{贈与税額控除額} = \text{贈与を受けた年の贈与税} \times \frac{\text{相続税の課税価格に加算された贈与財産価額}}{\text{その年分の贈与税の課税価格}}$$

例　題

相続人Aは，被相続人甲（令和5年9月死亡）から相続により財産を取得している。そして，甲から贈与で取得した下記の600万円が甲の相続税の課税価格に算入されている。相続人Aの贈与税額控除を計算しなさい。

① Aが令和3年に贈与により取得した財産　1,000万円
（内訳　甲からの贈与　600万円　乙（母）400万円）
② この年の贈与税額2,310,000円

【解　答】

$$2{,}310{,}000\text{円}\times\frac{6{,}000{,}000\text{円}}{10{,}000{,}000\text{円}}=1{,}386{,}000\text{円}$$

2－4－2　配偶者に対する相続税額の軽減

配偶者の場合，法定相続分を超えて相続しない限り，相続税を支払うことはありません。**配偶者の税額軽減**という制度を利用すれば，ほとんどの場合，相続税額はゼロになります。配偶者は，被相続人の財産形成に貢献していますし，また配偶者は通常同一世代であるため，配偶者の取得した財産に対し，またすぐ相続税が課税されてしまうなどの理由で，配偶者にはなるべく課税しないような制度設計がなされています。

〈配偶者に対する相続税額の軽減額の計算〉

(1) 贈与税額控除後の税額

(2)

① 課税価格の合計額のうち配偶者の法定相続分相当額（1億6,000万円と比較し，いずれか大きい金額）

② 配偶者の実際の課税価格相当額（配偶者が実際に取得した財産，千円未満切捨）

③ ①と②いずれか少ない金額

④　相続税の総額×$\dfrac{③の金額}{相続税の課税価格の合計額}$

(3) 軽減額

(1) と (2) の④いずれか少ない金額

配偶者の相続税額の軽減を利用すると，①配偶者が取得する財産が法定相続分以内か，②法定相続分を超えても，1億6,000万円以内なら，配偶者に対して，相続税はかかりません。

例　題

被相続人の相続人は配偶者と被相続人の子３人と孫１人であり，課税価格等は次のとおりである。配偶者の税額軽減額はいくらになるのか。

課税価格の合計額　319,600,000円
配偶者の課税価格　159,800,000円（課税価格の按分割合0.5）
相続税の総額　56,679,600円
配偶者の算出税額　56,679,600円×0.5＝28,339,800円

【解　答】

(1) 配偶者の贈与税額控除後の税額

28,339,800円

(2)

①　課税価格の合計額のうち，配偶者の法定相続分相当額

319,600,000円×$\dfrac{1}{2}$=159,800,000円 <160,000,000円

∴ 160,000,000円

②　配偶者の課税価格相当額（千円未満切捨）

159,800,000円

③　①>②∴ 159,800,000円

④　56,679,600円×$\dfrac{159,800,000円}{319,600,000円}$ = 28,339,800円

(3) 軽減額

(1) と (2) の④いずれか少ない金額

∴ 28,339,800円

2－4－3　未成年者控除

被相続人（親）が死亡したときに，相続人（子）が未成年者である場合，養育費や教育費は，相続財産を頼りにせざるを得ません。

そこで，相続や遺贈で財産を取得したものが，次の３つの要件を満たす場合に，**未成年者控除**が適用されます。

(1)　無制限納税義務者であること（財産を取得したときに，日本国内に住所を有していた人）
(2)　法定相続人であること
(3)　20歳未満であること

未成年者控除額＝10万円×（20歳－その者の年齢）

＊１年未満の端数があるときは，その端数は１年として控除額の計算を行う。

例　題

被相続人の法定相続人である子Ａ（無制限納税義務者）の相続開始時の年齢は，16歳７カ月である。未成年者控除はいくらになるか。Ａの相続税額（未成年者控除前）は，120万円である。

【解　答】

(1)　20歳に達するまでの年齢
　　20歳－16歳７カ月＝３歳５カ月→４歳
(2)　未成年者控除額
　　10万円×４年＝40万円

2－4－4　障害者控除

被相続人が死亡したときに，相続人が障害者である場合，相続財産を頼りにせざるを得ません。

そこで，相続や遺贈で財産を取得したものが，次の３つの要件を満たす場合に，**障害者控除**が適用されます。

(1) 無制限納税義務者であること

(2) 法定相続人であること

(3) 障害者

障害者控除額＝ 10 万円（特別障害者の場合 20 万円）×
(85 歳－その者の年齢)

例　題

被相続人の法定相続人である子Ａ（無制限納税義務者で，一般障害者）の相続開始時の年齢は，10 歳７カ月である。障害者控除はいくらになるか。

【解　答】

10 万円×（85 歳－ 10 歳）＝ 750 万円

（注）1 年未満の端数切捨

２－５　土地の評価に関するタックス・プランニング

２－５－１　貸宅地のタックス・プランニング

路線価方式は，宅地の面積×路線価で計算します。宅地は，道路に接した部分は，利用価値は高いのですが，道路から離れると，その利用価値は下がります。そこで，一方のみが路線に接する宅地の価額は，奥行価格補正率を乗じて求めた金額に，地積を乗じることにより，その評価額を計算することになっています。

宅地の評価額＝路線価×奥行価格補正率×地積

人に宅地を貸すと，相続税評価額が下がります。人に貸している土地を**貸宅地**といいます。貸宅地は，借地権が生じるために，土地の所有者といっても自由に処分できません。それ故に，貸宅地は，相続税の評価額が下がるのです。

具体的に言いますと，普通の宅地の評価額より，借地権割合分だけ，評価額が下がります。

貸宅地の評価額＝自用地としての評価額×（1－借地権割合）

上の算式における**自用地**とは，自分で所有し，自分で使用している土地のことであり，自用地としての評価額とは，**路線価方式**や**倍率方式**で求めた評価額のことです。

路線価方式が適用される宅地以外の宅地の価額は，倍率方式によって評価されます。評価する宅地の固定資産評価額に一定の倍率を乗じて相続税評価額を求めます。

宅地の評価額＝その宅地の固定資産税評価額×倍率

例　題

貸宅地となっている評価対象地の路線価は次のとおりである。貸宅地の評価額はいくらになるか。この地域に適用される借地権割合は，60%である。なお，この貸宅地は，普通住宅地区に該当し，奥行価格補正率は，0.98である。

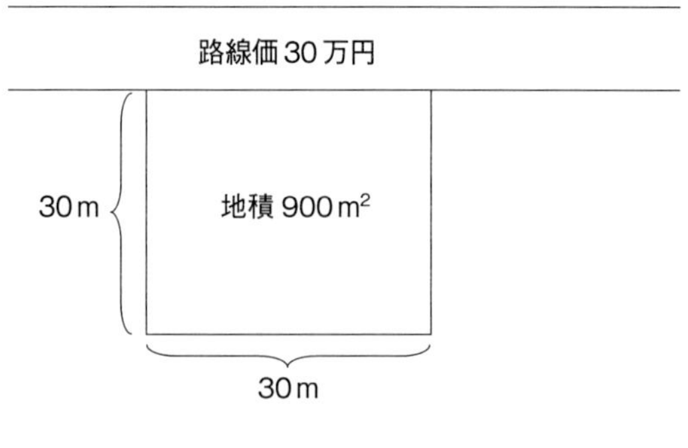

【解　答】

(1) 自用地としての価額

300,000円×0.98（奥行価格補正率）×900㎡＝264,600,000円

(2) 貸宅地の評価額

264,600,000円×（1－0.6）＝105,840,000円

2－5－2　貸家建付地のタックス・プランニング

アパートや賃貸マンションを建てると土地の評価額は下がります。宅地に一戸建ての貸家，賃貸アパート，賃貸マンションを建てている土地のことを貸家建付地といいます。**貸家建付地**にすると，宅地の評価額は下がります。貸家建付地にすると，相続税評価額が下がりますので，賃貸アパートを建てることは，相続税対策として有効です。

貸家建付地の評価額は次の算式で計算します。

貸家建付地の評価額＝自用地としての価額－（自用地としての価額×借地権割合×借家権割合×賃貸割合）
＝自用地としての価額×（1－借地権割合×借家権割合×賃貸割合）

例　題

次の宅地の評価額はいくらになるか。なお，この宅地は，賃貸アパートの敷地となっている。

(1) 自用地としての価額　90,000,000円
(2) 借地権割合　60%
(3) 借家権割合　30%
(4) 賃貸割合　100%

【解　答】

90,000,000円×（1 − 0.6 × 0.3 × 1.0） = 73,800,000円

2－6　相続時精算課税方式に関するタックス・プランニング

相続財産と贈与財産を一体化して課税を行う制度を相続時精算課税方式といいます（相法21の9）。この制度は，選択制であり，選択する人は，贈与税の申告の時に，相続時精算課税選択届出書を納税地の所轄税務署長に提出する必要があります。なお，この制度は，贈与をした年の1月1日時点において，60歳以上の親又は祖父母が，18歳（令和4年3月31日以前は20歳）以上の子供や孫に贈与した場合に適用されます。

相続時精算課税方式を選択すると，贈与財産2,500万円までは，非課税となります（その代わりに，相続時に，精算されます）。しかし2,500万円を超えると，一律20％の贈与税が課されることになります。また，いったん，相続時精算課税選択届出書を提出してしまうと，通常の贈与税の方式である暦年課税方式に戻ることはできないので，この制度の適用を受けるかどうかを慎重に，選択する必要があります。

相続時精算課税を利用し，親の財産を早期に贈与することにはメリットもあります。たとえば，マンションを子供に贈与すれば，その賃貸料を子供は受け取ることができます。また，親や祖父母と子や孫の所得額に差があれば，所得税の節税にもなります。さらには，相続時精算課税を利用して子や孫に早期に贈与し，その後相続が開始する前に，財産（現金も含む）を使うようにし，相続税を払わないようにする予定であれば，相続時精算課税は適切でしょう。

相続時精算課税は，課税の延期ととらえることができますが，贈与時の価値で後に相続税がかかるので，価値が上昇する財産，株式などはいいかもしれません（もちろん株価が上がるかどうかはわかりま

せん)。しかし価値が減少するものは，相続時精算課税には，不向きです。

また一般的には，相続税がかかるほどの財産がある場合には，暦年課税の方が有利です。基礎控除が年間110万円ありますので，たとえば，子供2人に10年毎年110万円贈与すれば，贈与総額2,200万円は，課税されないことになります。

教育資金の一括贈与の特例もあります。これは，両親や祖父母などが30歳未満の子や孫に教育資金を一括で贈与しても一定額までは贈与税を非課税とするというものです。これは，令和8年3月31日までの贈与について適用できる規定となっています。非課税となる金額は，1,500万円（学校等以外の者に支払われる金銭については500万円を限度）までであり，金融機関を経由して教育資金非課税申告書を所轄税務署長に提出することにより，贈与税が非課税になります。

もっとも，親や祖父母が負担する教育費は非課税ですので，高校や大学に払う入学金や授業料はもともと非課税です。

例　題

Aは，Aの父から，現金2,000万円の贈与を受けた。なお，Aは，この贈与につき，相続時精算課税選択届出書を納税地の所轄税務署長に提出している。この場合の贈与税額を計算しなさい。

【解　答】

Aは，相続時精算課税選択届出書を提出しているので，2,500万円までは，非課税になるので，贈与税額は，ゼロである。

練習問題

2－1　京都太郎は，今年6月にAから現金200万円，Bから現金100万円を受け取った。この場合の贈与税額はいくらになるか。

2－2　(1) 各相続人の法定相続分を求めなさい。

なお，被相続人甲は，遺言によりAの相続分を $\frac{2}{5}$ と定めている。

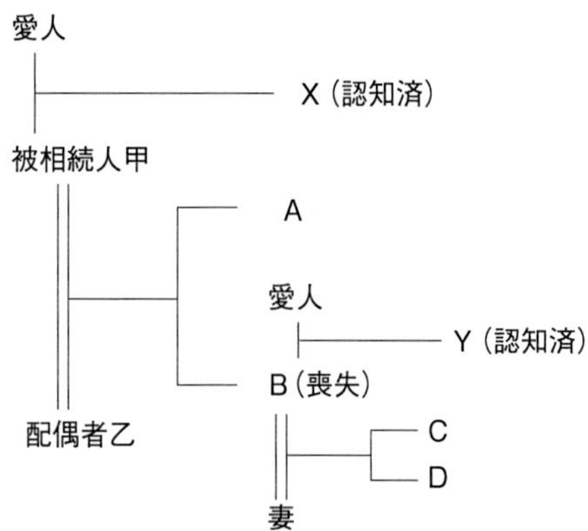

(2) つぎの場合における法定相続分を求めなさい。

なお，被相続人甲の遺言によれば長女Bの相続分は $\frac{1}{2}$ とすることになっている。

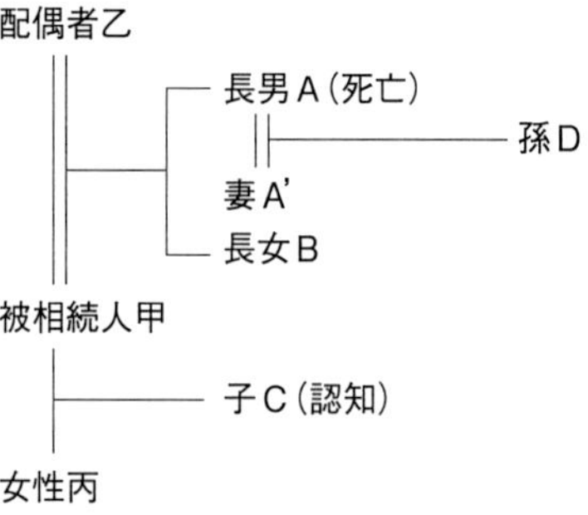

２－３　(1) 各相続人の法定相続分を求めなさい。

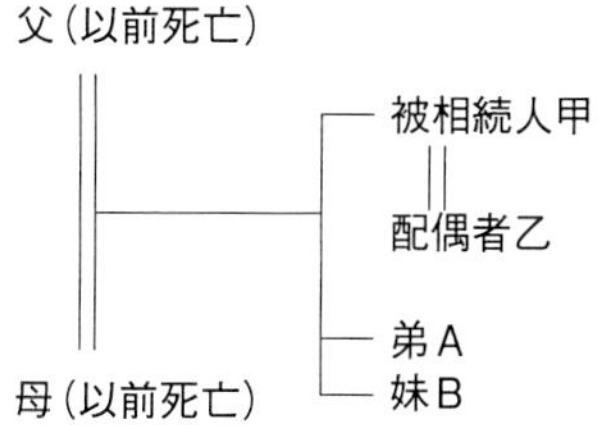

(2) 各相続人の法定相続分を求めなさい。

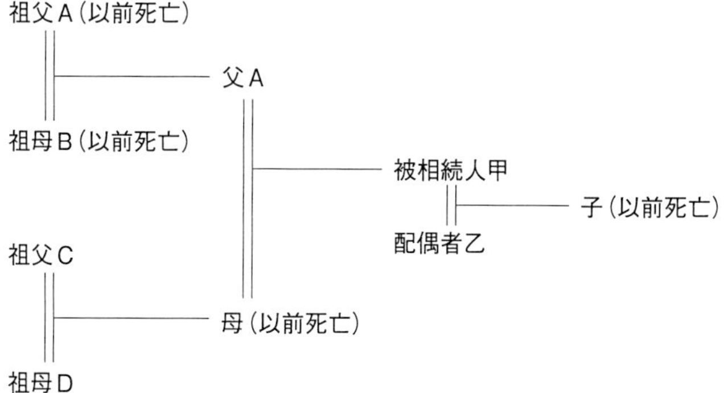

(3) 各相続人の法定相続分を求めなさい。

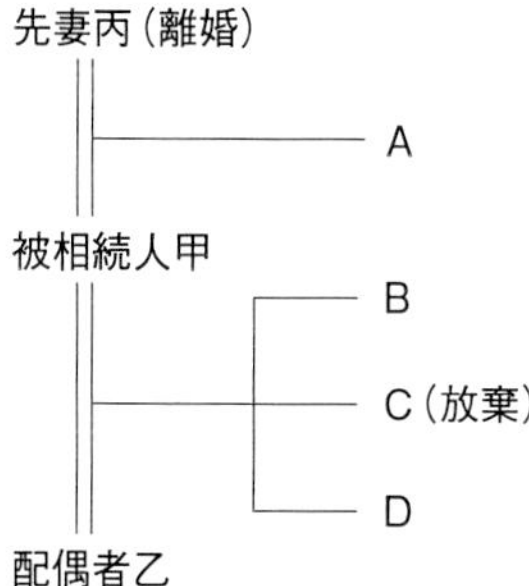

2－4　各人の相続税額を計算しなさい。

被相続人：夫（令和５年１月死亡）

相続人：妻，長男，長女の３人

税額の計算

区　分	3,000 万円以下	1 億円以下
税　率	15%	30%
控除額	50 万円	700 万円

遺　産

現金預金　6,000 万円

土地・建物　8,000 万円

（小規模宅地等の特例 80%減適用後）

生命保険金　4,500 万円－ 1,500 万円＝ 3,000 万円

（500 万円× 3 ＝ 1,500 万円は非課税）

遺産総額　1 億 7,000 万円

債務（借入金）　200 万円

葬式費用　200 万円

正味の遺産額　1 億 6,600 万円

遺産に係る基礎控除額　4,800 万円

（3,000 万円＋ 600 万円× 3）

課税遺産総額　1 億 1,800 万円

2－5　生命保険金等の非課税金額を計算しなさい。

被相続人甲の相続人等は，次の図に示すとおりである。

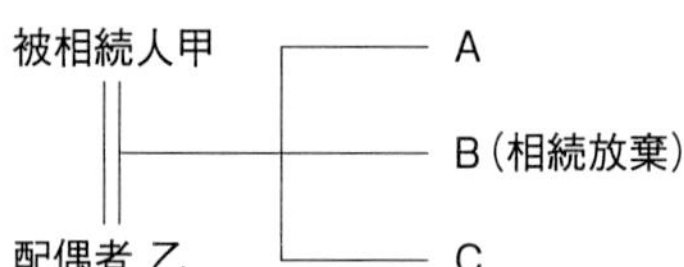

相続人甲の相続人等が被相続人甲の死亡により取得した生命保険金は次のとおりであり，各保険金に係る保険料は，全額を被相続人甲が負担している。

配偶者乙　15,000千円
A　10,000千円
B　3,000千円

2－6　次の資料に基づいて，京都太郎に係る各相続人及び受遺者の納付すべき相続税額を計算過程を示して求めなさい（ただし，税額控除の計算はしない）。

被相続人京都太郎は，令和4年10月20日京都市北区上賀茂の自宅において死亡し，相続人等は，その日に相続の開始を知った。

1　被相続人の相続人等の関係は，次のとおりである。なお，被相続人京都太郎の相続人等は，すべて日本国内に住所を有している。

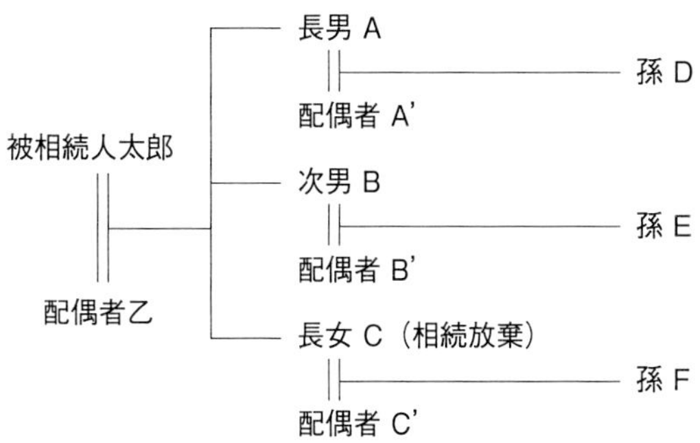

(1) 被相続人京都太郎の相続について，長女Cは，家庭裁判所に申述し，正式に相続の放棄をしている。

2　被相続人の財産は，次のとおりであり，令和5年6月19日に相続人間で協議を行い，それぞれ下記のとおり分割により取得することに決定した。

(1) 配偶者乙
146,300,000円
(2) 長男A
56,900,000円
(3) 次男B
62,100,000円
(4) 孫D
6,100,000円
（注）孫Dは，被相続人の正式な遺言により，財産を取得している。

3　生命保険金及び非課税金額

（1）生命保険金

配偶者乙　30,000,000 円

長男 A　　20,000,000 円

長女 C　　25,000,000 円

（2）非課税金額

配偶者乙　12,000,000 円

長男 A　　 8,000,000 円

（注）長女 C は相続人でないため適用なし。

4　債務控除額

（1）債　務

次男 B　5,000,000 円

長男 A　1,100,000 円

（2）葬式費用

配偶者乙 2,000,000 円＋ 2,400,000 円＝ 4,400,000 円

（注）仏具の費用は，控除できない。

（注）香典収入は非課税

5　被相続人京都太郎の生前において，相続人等が太郎から贈与された財産は，次のとおりである。

受贈年月日	受贈者	受贈財産	財産の相続時の価額	財産の贈与時の価額
平成 30 年 3 月 6 日	長女 C	土地	20,000,000 円	14,000,000 円
令和 3 年 8 月 23 日	長男 A	現金	4,100,000 円	4,100,000 円
令和 3 年 11 月 4 日	孫 E	株式	3,000,000 円	3,200,000 円

〈相続税の速算表〉

法定相続人の取得金額	税率	控除額	法定相続人の取得金額	税率	控除額
1,000 万円以下	10%	0 円	3 億円以下	45%	2,700 万円
3,000 万円以下	15%	50 万円	6 億円以下	50%	4,200 万円
5,000 万円以下	20%	200 万円	6 億円超	55%	7,200 万円
1 億円以下	30%	700 万円			
2 億円以下	40%	1,700 万円			

〈贈与税の速算表〉

18歳（令和4年3月31日以前は20歳）以上の子・孫・ひ孫が直系尊属から受贈した場合			左以外		
110万円控除後			110万円控除後		
課税価格	税率	控除額	課税価格	税率	控除額
200万円以下	10%	0円	200万円以下	10%	0円
200万円超	15%	10万円	200万円超	15%	10万円
400万円超	20%	30万円	300万円超	20%	25万円
600万円超	30%	90万円	400万円超	30%	65万円
1,000万円超	40%	190万円	600万円超	40%	125万円
1,500万円超	45%	265万円	1,000万円超	45%	175万円
3,000万円超	50%	415万円	1,500万円超	50%	250万円
4,500万円超	55%	640万円	3,000万円超	55%	400万円

（単位：円）

	配偶者乙	A	B	C	D	合計
取得原因	相続	相続	相続	遺贈	遺贈	
Ⅰ各人の課税価格の計算						
相続財産						
特定遺贈財産						
生命保険金等						
同上の非課税金額						
債　務						
葬式費用						
生前贈与加算						
課税価格（千円未満切捨て）						
Ⅱ各人の算出税額の計算						
相続税の総額						
按分割合						
算出相続税額						
相続税額の加算額						
納付税額（百円未満切捨て）						

2－7　京都市北区上賀茂に住所を有する京都花子（婚姻期間は20年以上である）が令和５年において贈与により取得した財産は次のとおりである。令和５年の贈与税額を求めなさい。

令和５年５月　夫より居住用不動産 40,000 千円（花子は，５月よりその居住用不動産に居住しているので，贈与税の配偶者控除の適用を受ける）

令和５年６月　父より現金 3,000 千円

令和５年６月　京都株式会社から土地 10,000 千円

令和5年7月　死亡保険金 3,000千円（保険料の負担割合父 $\frac{1}{5}$，夫 $\frac{3}{5}$，本人 $\frac{1}{5}$）

なお，父は令和5年11月交通事故により死亡した。父の相続について，花子は相続人として，相続により財産を取得した。

2－8　生命保険金等の非課税金額を計算しなさい。

被相続人甲の相続人等は，次の図に示すとおりである。

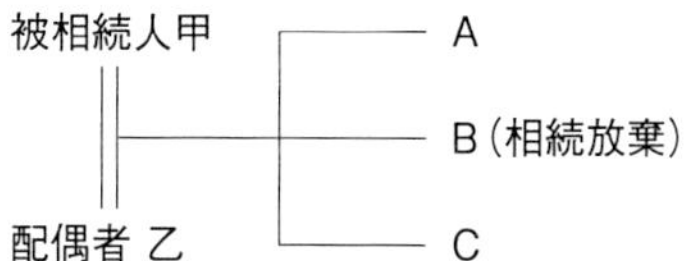

相続人甲の相続人等が被相続人甲の死亡により取得した生命保険金は次のとおりであり，各保険金に係る保険料は，全額を被相続人甲が負担している。

配偶者乙	15,000千円
A	10,000千円
B	3,000千円

2－9　退職手当金等の非課税金額を求めなさい。

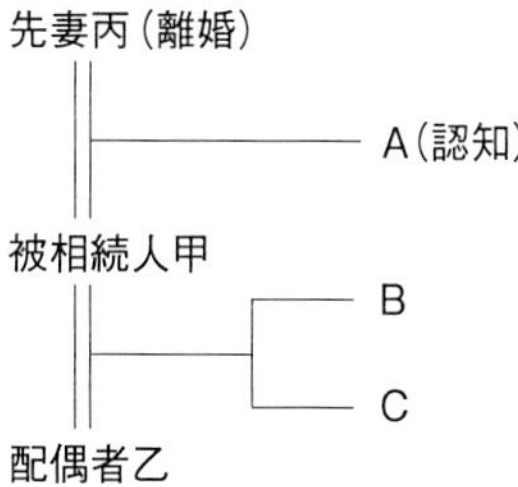

被相続人甲の勤務先から死亡退職金が配偶者乙に 30,000千円，Bに退職慰労金 10,000千円が支給された。

2－10　被相続人甲の死亡時にまだ保険事故が発生していない生命保険契約は次のとおりである。なお，契約に係る保険料は，一時払いのものではない。

① 保険契約者　長女
② 保険者　　配偶者乙
③ 保険金受取人　長女
④ 保険金額　　25,000 千円
⑤ 相続開始時の解約返戻金額 3,000 千円
⑥ 相続開始時までの払い込み保険料及び負担者
　被相続人甲 2,000 千円，配偶者乙 500 千円

2－11　次の資料により各相続人等の債務及び葬式費用の額を計算しなさい。

(1) 相続人等の状況は次のとおりである。

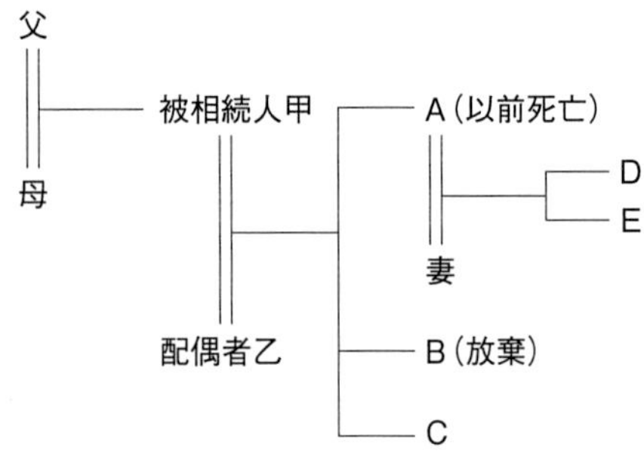

（注）相続人等は，すべて日本国内に住所を有している。上記に掲げる者は，すべて相続又は遺贈により財産を取得している。

(2) 被相続人の相続開始時における債務は次のとおりであり，相続税の申告期限までに負担者及び負担額はともに決まっていない。

銀行借入金　1,000 千円
仏壇購入未払金 2,000 千円

(3) 被相続人甲の葬式の前後に要した費用は次のとおりであり，それぞれに掲げるものが負担した。

遺体運搬費用	配偶者乙	400 千円
本葬式費用	配偶者乙	2,000 千円
仮葬式費用	B	1,000 千円
初七日の法会費用	B	1,000 千円
香典返戻費用	C	500 千円

香典収入 24,000 千円は配偶者乙が取得した。

2－12　相続人Aは，被相続人甲（令和5年9月死亡）から相続により財産を取得している。そして，甲から贈与で取得した下記の600万円が甲の相続税の課税価格に算入されている。相続人Aの贈与税額控除を計算しなさい。

① Aが令和3年に贈与により取得した財産　800万円
（内訳　甲からの贈与　600万円　乙（母）200万円）

② この年の贈与税額　1,510,000円

2－13　被相続人の相続人は配偶者と被相続人の子3人と孫1人であり，課税価格等は次のとおりである。配偶者の税額軽減額はいくらになるのか。

課税価格の合計額　319,900,000円
配偶者の課税価格　159,950,000円（課税価格の按分割合0.5）
相続税の総額　56,769,600円
配偶者の算出税額　56,769,600円×0.5＝28,384,800円

2－14　被相続人の法定相続人である子A（無制限納税義務者）の相続開始時の年齢は，16歳7カ月である。未成年者控除はいくらになるか。Aの相続税額（未成年者控除前）は，120万円である。

2－15　被相続人の法定相続人である子A（無制限納税義務者で，一般障害者）の相続開始時の年齢は，20歳7カ月である。障害者控除はいくらになるか。

2－16　貸宅地となっている評価対象地の路線価は次のとおりである。貸宅地の評価額はいくらになるか。この地域に適用される借地権割合は，40％である。なお，この貸宅地は，普通住宅地区に該当し，奥行価格補正率は，0.98である。

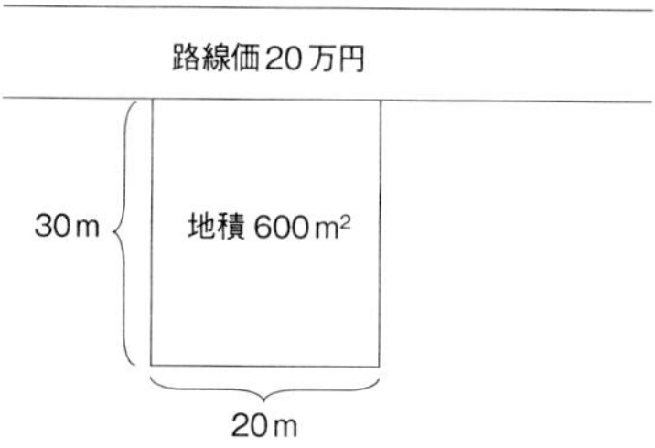

2－17　次の宅地の評価額はいくらになるか。なお，この宅地は，賃貸アパートの敷地となっている。

（1） 自用地としての価額 80,000,000 円
（2） 借地権割合 70%
（3） 借家権割合 20%
（4） 賃貸割合 80%

2－18　Aは，Aの父から，上場株式 1,000 万円と現金 2,000 万円の贈与を受けた。なお，Aは，この贈与につき，相続時精算課税選択届出書を納税地の所轄税務署長に提出している。この場合の贈与税額を計算しなさい。

第3章
法　人　税

第1節　法人税の基本的な仕組み

1－1　法人税に基づく利益計算

法人税に基づく利益計算は，企業会計の利益計算から始まります。企業は，決算を行い，財務諸表を作成し，**利益**を算出します。法人税に基づく利益計算は，この決算が終了した後の利益を用いて，これに基づいて，法人税に基づく修正を行って，利益計算を行います。財務諸表における利益と法人税法に基づく利益は，内容も異なり，また呼び名も異なります。法人税に基づく利益は，わが国では通常利益とはいわず，**所得**あるいは**課税所得**といいます。

法人税に基づく課税所得の計算は，企業会計の利益に基づいて行われるものであり，両者は，基本的には，かなり共通点があります。法人税と**簿記（正規の簿記）**・企業会計というのは，密接な関係があって，両者はお互いに影響を与え，また逆に影響を受ける関係にあります。

しかしながら，企業会計の利益と法人税法に基づく課税所得には違いもあります。企業会計の利益は，**収益－費用＝利益**という算式で計算され，これに対して，法人税に基づく課税所得の計算は，**益金－損金＝課税所得**という算式で計算されます。そして企業会計における収益及び費用は，それぞれ，法人税における益金及び損金に相当しますが，しかし，その範囲は異なる点があります。

法人税に基づく課税所得金額の計算は，別表四で行われ，企業会計と法人税の調整が行われます。企業会計上費用処理しても，税務上は損金とならない場合には，その損金とならない金額が課税所得金額に**加算**されます。また，企業会計上収益として処理しても，税務上は益金とならない場合には，その益金とならない金額は**減算**されます。

たとえば，下記のように，収益として売上が1,000千円あり，費用として交際費が900千円の法人があるとします。

損益計算書

費用（交際費）	900	収益（売上）	1,000
利益	100		

この法人の資本金が1億円超であるとすると，交際費900千円が費用とならない，すなわち損金不算入になることになりますので，900千円の交際費は，なかったことになり，下記のように，課税所得1,000千円となります。

申告書（別表四）

課税所得	1,000	収益（売上）	1,000

実際には，法人税における課税所得の計算は，上記のような方法ではなく，損益計算書上の利益100千円に税務上損金不算入となる交際費900千円を加算することにより，課税所得1,000千円を算出します。

申告書（別表四）

利　　　　益	100	
交際費損金不算入	900	
課　税　所　得	1,000	

企業会計に基礎を置きながら，法人税には，企業会計が依拠している発生主義会計に対して，厳しい側面があります。発生主義会計の特色である減価償却費の計上や引当金の計上に関しては，企業会計上，すなわち損益計算書上費用計上しなければ，税務上損金として認めないという立場をとっています。たとえば，損益計算書上，減価償却費を計上しておかないと，基本的には，申告書上損金とすることはできませんので，注意する必要があります。

１－２　税額の計算

法人が納める法人税は，原則的には，一律23.2％となっていますが，例外があります。すなわち，資本金が１億円以下の法人は，年800万円以下の所得に関しては，19％の税率が適用されることになっています（特例により，15％適用あり）。たとえば，資本金１億円の法人が，年間1,000万円の所得がある場合には，法人税額は，次の手順で求められることになります。

(1)　年800万円以下の部分

800万円×0.19＝152万円

(2)　年800万円超

200万円×0.232＝46万４千円

(3)　納める税金

(1)＋(2)＝198万４千円

１－３　青色申告の特典

いわゆる青色申告をすると，次の(1)～(3)のような税法上の特典が得られます。法人が，法人税法にしたがって，納税地の所轄税務署長に青色申告の承認申請をして，その承認を受けた場合は，青色申告書を提出することができます（法法121①）。青色申告書を提出しようとする場合には，すべて取引を帳簿に記録し，決算書類，領収書，請求書などの書類も７年間保存しなければなりません。

(1) 欠損金の繰越控除

青色申告をした事業年度に生じた赤字に関しては，翌年度から７年間繰り越すことができます（法法57）。

(2) 特別償却又は割増償却（措法42の5）などの租税特別措置法による優遇税制が利用できます。

(3) 前年度も青色申告し，黒字で法人税を納めている中小法人等は（資本金額が１億円以下），赤字に見合う金額が還付されます（法法80）。

例　題

次の資料により，当社の当期における欠損金等の当期控除額を求めなさい。当社は，連続して，青色申告書を提出している。

令和３年度（令和３年4.1～令和４年3.31）欠損金額　△ 2,000,000円
令和４年度（令和４年4.1～令和５年3.31）欠損金額　△ 4,000,000円
令和５年度（令和５年4.1～令和６年3.31）所得金額　12,000,000円

【解　答】

(1) 令和３年度
2,000,000円＜12,000,000円
∴ 2,000,000円

(2) 令和４年度
4,000,000円＜12,000,000円－2,000,000円＝10,000,000円
∴ 4,000,000円

(3) 2,000,000円＋4,000,000円＝6,000,000円

例　題

次の資料により，当社の当期における欠損金等の当期の還付税額を求めなさい。当社は，資本金1億円以下の中小法人である。

前年度の所得金額：10,000,000円
前年度の法人税額：　2,040,000円
当年度の欠損金額：　4,000,000円

【解　答】

次の算式で計算します。

$$還付される法人税額＝前期法人税額\times\frac{当期欠損金額}{当期所得金額}$$

$$2{,}040{,}000円\times\frac{4{,}000{,}000円}{10{,}000{,}000円}=816{,}000円$$

ただし，4,000,000円－816,000円＝3,184,000円は，欠損金の繰越控除の対象になります。

1－4　損金算入が認められている役員給与

役員に対する給与には，損金算入が認められるものがあります（法人税法34①）。それは，(1) 定期同額給与 (2) 事前確定届出給与 (3) 利益連動給与の3つです。

（1）定期同額給与

定期同額給与とは，支給時期が1カ月以下の期間で，その支給時期における金額が同額のものをいいます。定期同額給与は，原則として損金に算入されますが，しかし，①それが不相当に高額である場合におけるその不相当に高額な部分の金額及び②法人が事実を隠ぺいし又は仮装して経理することによりその役員に支給する報酬の額は，損金に算入されません。

（2）事前確定届出給与

事前確定届出給与とは，臨時に賞与などで支払う場合，事前に確定した金額を税務署に届け出て所定の時期に支給するというものです。事前確定届出給与の場合，届け出た支給額と実際の支給額が異なる場合に，実際の支給額全額が損金不算入になります。したがって，今期の予想がつかない場合には，一応支給する金額を届け出ておいて，業績が良かったらその額を支給し，悪かったら支給しないという方法が考えられます。実際支給額がゼロならば，損金不算入額もゼロになり，税務上問題はありません。

（3）利益連動給与

利益連動給与とは，同族会社以外で，業務執行役員に対して支給する利益連動の給与で，一定の条件を満たすものです。

1－5　損金算入が制限されている交際費

資本金1億円超の法人については，接待飲食費の額の50%が**交際費等**として損金に認められます。資本金1億円以下の中小法人については，支出交際費の額のうち800万円までの金額と接対飲食費の額の50%のうち大きい方が損金に認められることになっています。すなわち，期末資本金額1億円以下の法人については，次に掲げる金額までの交際費等は，損金の額に算入されます（措法61の4①②)。なお，資本金100億円超の法人については，交際費の全額が損金不算入となります。

期末資本金額が1億以下の法人
支出交際費等の額のうち800万円までの定額控除限度額と接待飲食費の50%相当額のうち大きい方

交際費等の損金不算入額は，以下の手順で計算されます。

(1) 支出交際費等の額

(2) 損金算入限度額

$$800万円 \times \frac{12}{12} と接待飲食費の50\%のうち大きい方$$

(3) 損金不算入額

(1) － (2)

例 題

当社の交際費等の損金不算入額を計算しなさい。当社の資本金額は，5,000万円である。支出交際費の額は，20,000,000円である。なお，接待飲食費は1,000,000円である。

【解 答】

(1) 支出交際費の額 20,000,000円

(2) 損金算入限度額

$$8,000,000円 \times \frac{12}{12} = 8,000,000 > 1,000,000円 \times 50\% = 500,000円$$

∴ 8,000,000円

(3) 損金不算入額

(1) － (2) ＝ 12,000,000円

1－6 損金算入が制限されている寄附金

寄附金は，原則としては，何か見返りを期待して支出するものではありません。企業の収益との対応関係の乏しい費用ですので，その損金性に関しては疑義があります。また企業が支出した寄附金を損金として認めると，国の税収がその分だけ減り，結果として国がその寄附金を負担したとみることができます。このようなことから，寄附金に関して，損金算入限度額が設けられています。

損金算入限度額は，資本金と所得の大きさで，異なります。資

本金が多ければ多いだけ寄附をしてもかまわない，あるいは所得が多ければ多いだけ寄附をしてもかまわないというように考えて，損金算入限度額が定められています。

実際には，下記の金額が損金算入限度額となります（法令73①一，77①一）。

（1）一般の寄附金の場合

損金算入限度額＝（①資本基準額＋②所得基準額）× $\frac{1}{4}$

① **資本基準額＝資本金の額及び資本準備金の額の合計額又は出資金の額×** $\frac{\text{当期の月数}}{12}\times\frac{2.5}{1,000}$

② **所得基準額＝当期の所得金額（別表4の仮計の金額＋支出寄附金の総額）×** $\frac{2.5}{100}$

（2）特定公益増進法人等に対する寄附金の場合

特別損金算入限度額＝（①資本基準額＋②所得基準額）× $\frac{1}{2}$

① **資本基準額＝資本金の額及び資本準備金の額の合計額又は出資金の額×** $\frac{\text{当期の月数}}{12}\times\frac{3.75}{1,000}$

② **所得基準額＝当期の所得金額（別表4の仮計の金額＋支出寄附金の総額）×** $\frac{6.25}{100}$

なお，寄附金は現金で支払うことが条件であり，未払経理の場合は認められません。また，国・地方公共団体に対する寄付金や財務大臣の指定した寄附金は，全額損金算入となります。

例　題

当社の寄附金の損金算入限度額の計算をしなさい。

(1) 資本金の額及び資本準備金の額の合計額　30,000,000円
(2) 一般の寄附金　6,000,000円
(3) 別表4仮計の金額　40,000,000円

【解　答】

$$\left\{30{,}000{,}000\text{円}\times\frac{12}{12}\times\frac{2.5}{1{,}000}+(40{,}000{,}000\text{円}+6{,}000{,}000\text{円})\times\frac{2.5}{100}\right\}\times\frac{1}{4}$$
$$=306{,}250\text{円}$$

1－7　配当しないと課される留保金課税

会社が配当をしますと，その配当金に対して20％の所得税が源泉徴収されます。そして，源泉徴収のみで，そのまま確定申告を行わないことも選択できますが，総合課税を選択すると，高税率で課税される可能性があります。

同族会社の株主は，この高税率の所得税を節約するため，利益を会社に留保しようとすることが考えられ，そのため，同族会社が利益を留保した場合には，その**留保金の一部**に対して10％～20％の税率を掛けた額が課税されることになっています（法法67①）。ただし，資本金1億円以下の法人は除かれます。

適用対象となる**特定同族会社**の判定は，同族関係者1グループで株式等の50％超を保有しているかどうかで行われます。

課税留保金額＝特定同族会社の所得等の合計額のうち留保した金額－留保控除額

留保金にかかる税金＝課税留保金額×税率

留保控除額は，次の(1)から(3)のうち，最も多い金額になります。

(1) 所得基準額

所得等の金額× $\frac{40}{100}$

(2) 定額基準額

年2,000万円（半年決算の場合には，1,000万円）

(3) 積立金基準額

期末資本金額× $\frac{25}{100}$ －期末利益積立金額（その事業年度の所得等の金額にかかる部分を除く）

税率は，以下のようになります。

(1) 年3,000万円以下の金額 $\frac{10}{100}$

(2) 年3,000万円超1億円以下の金額 $\frac{15}{100}$

(3) 年1億円超の金額 $\frac{20}{100}$

例　題

次の資料に基づき，当社（同族の特定同族会社に該当）の当期（令和5年4月1日から令和6年3月31日）における課税留保金額に対する特別税額を計算しなさい。

(1) 当期留保金額　200,000,000円
(2) 所得等の金額　150,000,000円
(3) 期末資本金額　140,000,000円
(4) 期末利益積立金額　30,000,000円

【解　答】

(1) 当期留保金額

200,000,000円

(2) 留保控除額

① 所得基準額　150,000,000円×40%＝60,000,000円

② 定額控除限度額　20,000,000円×$\frac{12}{12}$＝20,000,000円

③ 積立金基準額　140,000,000円×25%－30,000,000円＝5,000,000円

④ もっとも多い金額　∴60,000,000円

(3) 課税留保金額

(1)－(2)＝140,000,000円（千円未満切捨）

(4) 税率適用区分

① 年3,000万円以下相当額　30,000,000円

② 年3,000万円超1億円以下相当額　70,000,000円

③ 年1億円超相当額　40,000,000円

(5) 特別税額

① 30,000,000円×10%＝3,000,000円

② 70,000,000円×15%＝10,500,000円

③ 40,000,000円×20%＝8,000,000円

④ ①＋②＋③＝21,500,000円

第2節　法人税のタックス・プランニング

2－1　減価償却のタックス・プランニング

固定資産は，時間が経過するにつれて，その価値が減少します。固定資産を使用すれば，その固定資産は消耗していきますし，また，新しい固定資産が登場すれば，相対的にその固定資産の価値は下がります。

企業会計では，このような固定資産の価値の減少を，減価償却という方法で表現することになっています。具体的には，損益計算書上，**減価償却費**として費用計上されます。

法人税法でも，減価償却費は，損金として認められていますが，損金算入には制限がもうけられています。定額法や定率法で計算された減価償却限度額を超えると，その超える金額は，**損金不算入**として，否認されることになります。

また，減価償却費を損益計算書上計上しないと，申告書上で，減価償却費を損金として計上することはできませんので，注意する必要があります。

平成10年4月1日以降に取得した建物に関しては，定率法を利用することができなくなり，定額法しか利用することができなくなりました。これは，目に見えない増税です。

平成19年4月1日以降は，減価償却制度が企業に有利になるように改正されています。定額法の残存価額という概念がなくなり，償却率をそのまま掛け算するようになりました。また，定率法に関していえば，償却率が改正され，いっそう加速償却できるようになりました。これは，ジェネラスな減価償却制度をすでに利用している諸外国と比べて，わが国の企業が相対的に不利になっている状況を回避するための改正です。

例　題

下記の固定資産に関して，当期（令和5年4月1日から令和6年3月31日）における，税務上調整すべき金額を算定しなさい。

建物（平成19年4月1日以降で，当期以前取得）

取得価額	40,000,000円
当期償却費	980,000円
期末帳簿価額	38,000,000円
繰越償却超過額	40,000円
耐用年数	50年
定額法償却率	0.020

【解　答】

(1) 償却限度額　40,000,000円×0.020＝800,000円

(2) 償却超過額　980,000円－800,000円＝180,000円

減価償却超過額180,000円（加算）

2－1－1　前期以前に生じた減価償却超過額の認容

税務上認められている金額よりも多く減価償却費を計上してしまった場合に，その多額の減価償却費を計上した年度においては，その減価償却超過額は否認されますが，しかし後の年度において，定められた金額よりも少なく減価償却費を計上した場合には，減価償却超過額のうち，減価償却不足額までの金額が，損金に認められます。

例　題

下記の固定資産に関して，当期（令和5年4月1日から令和6年3月31日）における，税務上調整すべき金額を算定しなさい。

建物（平成19年4月1日以降で，当期以前取得）

取得価額	40,000,000円
当期償却費	680,000円
期末帳簿価額	38,000,000円
繰越償却超過額	40,000円
耐用年数	50年
定額法償却率	0.020

【解　答】

(1) 償却限度額　40,000,000円× 0.020 ＝ 800,000円
(2) 償却超過額　680,000円－ 800,000円＝△ 120,000円
(3) 認容額　40,000円＜ 120,000円　∴ 40,000円

減価償却超過額認容 40,000円（減算）

2－1－2　グルーピング

減価償却不足額が生じる場合には，**グルーピング**した方が有利になる場合があります（法施行規則18)。したがって，構造・用途・細目が同じ有形固定資産の場合には，グルーピングした方が有利かどうかのタックス・プランニングが重要になります。

例　題

当期（令和５年４月１日～令和６年３月31日）の税務上調整すべき金額を算定し，グルーピングした方が有利かどうか検討しなさい。償却方法は定額法であり，償却率は，0.067である。

種類	構造等	耐用年数	償却方法	取得価額	当期償却費	備考
備品Ａ	事務机	15年	定額法	600,000円	40,000円	(1)
備品Ｂ	事務机	15年	定額法	200,000円	3,000円	(2)

(1) 備品Ａの事業供用日は，前期であり，繰越償却超過額が18,000円ある。
(2) 備品Ｂの事業供用日は，前期である。

【解　答】

備品Ａ・Ｂ

(1) グルーピングしなかった場合

備品Ａ

① 減価償却限度額 600,000円×0.067 ＝ 40,200円

② 減価償却超過額 40,000円－40,200円＝△200円

備品Ｂ

① 減価償却限度額 200,000円×0.067 ＝ 13,400円

② 減価償却不足額 3,000円－13,400円＝△10,400円

(2) グルーピングした場合

① 償却限度額 600,000円×0.067 ＋ 200,000円×0.067=53,600円

② 認容額（40,000円＋3,000円）－53,600円＝△10,600円 ｝少ない方 ∴10,600円
　　18,000円 ｝

備品減価償却超過額認容 10,600円（減算）

(1) は，減価償却不足額が生じ，切捨てとなるが，しかし（２）は，減価償却超過額認容が生じる。したがって，グルーピングした方が有利です。

(注) 備品Ａ・Ｂは，同一種類の資産であるから，償却限度額について，グルーピングすることができる。

2－1－3 少額減価償却資産の損金算入

取得価額が10万円未満の減価償却資産又は使用可能期間が1年未満の減価償却資産は，これを事業の用に供した時点で，損金経理を条件に，その取得価額を一時に損金に算入することができます（法令133）。

有形固定資産は，その耐用年数にわたって，その取得価額を減価償却費として，費用配分するのが原則です。しかし**少額の減価償却資産**に関しては，その帳簿管理等が企業負担になります。そこで，例外的にその取得価額を一時に損金に算入することが認められています。

有形固定資産の取得価額が10万円未満であるかどうかは，通常1単位として取引されるその単位，たとえば，機械及び装置については1台又は一基ごとに，工具，器具及び備品については1個，1組又は1そろいごとに判定されることになっています（法基通7－1－11）。

なお，取得価額についての消費税の取り扱いは，法人が適用している消費税の経理方式に応じて算定した取得価額により判定することになっています。

例 題

8万円のテーブルと4万円の椅子からなる応接セットを購入した。テーブルと椅子は，それぞれ別個に購入した。一時償却できますか。

【解 答】

応接セットの通常の取引単位は，テーブルと椅子のセットとなる。テーブルと椅子の合計額が，12万円となるので，一時償却することはできない。

※中小企業者等が取得した30万円未満の減価償却資産は，全額損金算入できます（措令18の4）。

2－1－4　20 万円未満の減価償却資産の損金算入

取得価額が 20 万円未満の減価償却資産については，通常の減価償却方法によらずに，3 年で均等償却することができます（法令 133 の 2①）。この場合の取得価額が 20 万円未満かどうかの判定の単位，取得価額についての消費税の取り扱いは，少額減価償却資産等の一括償却の場合と同様です。

2－1－5　中小企業等の少額減価償却

中小企業者等で，青色申告書を提出する法人が平成 18 年 4 月 1 日から平成 24 年 3 月 31 日までの間に取得等した取得価額が 30 万円未満の減価償却資産については，取得価額の合計額で 300 万円を限度として，取得価額の全額を損金算入することができます（措法 67 の 5）。

2－1－6　資本的支出と修繕費の形式基準の利用

固定資産の修理，改良等のために支出した金額のうち，**資本的支出**に該当するものは，支出時に損金に算入することはできません。資本的支出に該当する支出とは，(1) 資産の使用可能期間を延長した支出と (2) 資産の価額を増加させた支出のいずれかに該当する支出で，いずれにも該当する場合には，いずれか多い金額となります。また法人税基本通達 7 － 8 － 1 ～ 2 では，資本的支出と**修繕費**が例示されています。

概念的には，資本的支出と修繕費は区分されているものの，実際には，資本的支出と修繕費の区分は困難です。そこで，法人税基本通達 7 － 8 － 3 ～ 6 に形式的な区分の基準が示されており，これに基づけば，その支出がたとえ実質的には資本的支出であっても，修繕費として処理することが可能です。タックス・プランニングを考えると，修繕費処理できた方が有利なので，この形式的な区分を利用すべきでしょう。

(1) 20万円未満又は3年以内の周期で行われる修理，改良等は，たとえ資本的支出であったとしても，修繕費として処理することができます。
(2) 修理，改良等のために支出した費用が，資本的支出であるか修繕費であるかが明らかでない場合，その支出した金額が60万円未満又はその資産の取得価額のおおむね10%相当額以下であれば，修繕費として処理することができます。
(3) 修理，改良等のために支出した費用が，資本的支出であるか修繕費であるかが明らかでない場合，その費用の30%相当額，又はその資産の取得価額の10%相当額のいずれか少ない方を修繕費として処理することができます。
(4) 災害により損害を受けた資産について支出した費用が，資本的支出であるか修繕費であるかが明らかでない場合，その金額の30%相当額を修繕費とし，残額を資本的支出とすることができます。

例　題

(1) 建物の避難階段の取り付けを行い，18万円支出した。この場合，企業は，この18万円の支出を修繕費として処理できますか。
(2) 機械の修繕のため，80万円支出した。この支出は，資本的支出かあるいは修繕費か明らかではない。この機械の取得価額は，150万円である。この場合，修繕費として処理することができる金額はいくらか。

【解　答】

(1) 18万円を修繕費として処理することができる。法基通7－8－1によれば，建物の避難階段の取り付けは，資本的支出であるが，しかし支出した金額が，20万円以下か又は3年以内の周期で行われる支出であれば，修繕費として処理することができる。

⑵ 80万円の30％である24万円と150万円の10％の15万円のうち，少ない金額である15万円を修繕費として処理することができる。

2－1－7　特別償却と税額控除のタックス・プランニング

中小企業者等が特定経営力総合設備等を取得した場合等の特別償却があります。中小企業に該当する法人で，青色申告書を提出するもの（以下「中小企業者等」という）が指定期間内に，特定経営力総合設備等を取得し，これを指定事業に供した場合には，取得価額の30％相当額の**特別償却**をすることが認められています。

また，取得価額の30％相当額の特別償却と7％（一定の法人の場合10％）相当額の**税額控除**（当期の法人税額の20％相当額を限度とし，税額控除限度超過額は，1年間の繰越が認められる）とのいずれかの選択適用が認められています（措法42の6）。

特別償却を選択した場合には，次の算式で計算した金額が償却限度額となります。

償却限度額＝普通償却限度額＋特別償却限度額（取得価額× 30％）

税額控除を選択した場合には，次の算式で計算した金額が特別控除額になります。

特別控除額＝取得価額× 7％（一定の法人の場合10％）（法人税額× 20％を限度とする）

例　題

次の資料により，当社の当期（令和5年4月1日〜令和6年3月31日）における税務上調整すべき金額を算定しなさい。

当社は，機械装置6,000,000円を当期の1月に取得し，事業の用に供している。この機械は，租税特別措置法第42条の6に規定する中小企業社等が取得した特定機械装置等に該当し，この制度の適用条件に合致している。当期償却額は，2,500,000円である。当社は，機械装置の償却方法として，定額法を採用している。耐用年数は，10年であり，償却率は，0.100である。特別償却と税額控除をした場合の税務上適切な処理をしなさい。

なお，税率適用後の算出税額は，20,000,000円である。

【解　答】

1　特別償却

(1)　償却限度額

$$6{,}000{,}000\text{円} \times 0.100 \times \frac{3}{12} + 6{,}000{,}000\text{円} \times 30\% = 1{,}950{,}000\text{円}$$

(2)　償却超過額

2,500,000円－1,950,000円＝550,000円

減価償却超過額325,000円（加算）

2　税額控除

(1)　税額控除限度額　6,000,000円×7%＝420,000円

(2)　税額基準額　20,000,000円×20%＝4,000,000円

(3)　(1)＜(2)　420,000円

租税特別措置法第42条の6に規定する税額控除は，取得した事業年度に，取得価額の7%の税額控除を認めるというものです。その事業年度の法人税額の20%相当額を限度とし，その年度に控除できなかった金額は，1年間の繰り越しができます。

特別償却は，2年目以降の減価償却費を1年目に先取りしているだけなので，2年目以降の償却費は減ってしまいます。すなわち，特別償却は，課税が繰り延べられているだけです。特別償却の場合は，課税を繰り延べたことによる利息相当分のメリットしかありません。

また，対象となる資産の耐用年数にわたって，多額の法人税額が発生すると予測されるならば，単なる課税の繰り延べである特別償却よりも，税額控除を選択する方が有利です。

しかし，対象となる資産を取得した事業年度において，多額の利益があるが，翌

期以降赤字が続く会社であれば，特別償却を当期に受けた方が，有利になります。また，対象となる資産を取得した年度と翌年度では赤字であるが，2，3年後に多額の利益が発生すると予測される場合には，税額控除は2年間しか適用されないですが，欠損金の繰越控除が適用されるので，この場合も，特別償却を受けた方が，有利になります。

2－2　交際費等のタックス・プランニング

2－2－1　売上割戻し

（1）少額物品の利用

売上割戻しとは，一定期間に多額又は大量の取引をした得意先に対して支給されるものをいいます。売上割戻しとして現金が支給されれば，損金に算入されますが，しかし売上割戻しと同様の基準で支出されるものであっても，物品の交付や旅行，観劇等の招待の場合には，損金に算入されません（措通61の4（1）－4）。

もっとも，購入単価がおおむね3,000円以下の少額物品であれば，売上割戻しとして，損金に算入されます。

例　題

次の会計処理は，税務上適切ですか。適切なものに○，不適切なものに×をつけなさい。

(1) 定価が5,000円であるが，3,000円にまけてもらった少額物品を得意先に支給し，売上割戻しとして処理した。

(2) 1枚3,000円の野球観戦のチケットを得意先に支給し，売上割戻しとして処理した。

【解　答】

(1) ○

(2) ×　野球観戦のチケットは，旅行観劇に該当し，交際費等になります。

2－2－2　広告宣伝費

カレンダー，手帳，扇子，うちわ，手ぬぐいその他これらに類する物品を交付した場合には，**広告宣伝費**となり，交際費等には該当しません（措令37の5②一）。

例　題

次の会計処理は，税務上適切ですか。適切なものに○を，不適切なものに×をつけなさい。

(1) うちわを得意先に配布し，広告宣伝費として処理した。しかし社名や商品名が記載されていなかった。

(2) 当社名入りの手ぬぐいを得意先に支給し，広告宣伝費として処理した。

【解　答】

(1) ×　社名や商品名が記載されていないので，広告宣伝費にはならない。

(2) ○

2－2－3　渡切交際費

法人の役員等は，会社から交際費の支給を仮払いという形で受け取っている場合があり，この仮払い支給の交際費のことを**渡切交際費**といい，税務上は給与になります。従業員に対して支給される機密費，接待費，交際費，旅費等の名義で支給されたもののうち，その法人の業務のために使用したことが明らかでないものは，給与の性質を有するものとして，交際費等には該当しないこととされています（措通61の4（1）－12）。渡切交際費は，精算されるのが本来のあり方ですが，使途が不明であったりして，精算されないものもあります。このような使途不明であったり，精算されなかったりするようなものは，交際費に該当せず，役員等に対する給与となるということです。

役員に対して毎期定額で支給される渡切交際費は，**定期同額給与**になり，損金に認められます（法基通9－2－11（3））。ただし，役員に対して，毎期定額に支給されるものであっても，過大役員給与に該当する場合には，その過大部分は損金になりません（法法34②）。

例　題

次の会計処理は，税務上適切ですか。適切なものに○を，不適切なものに×をつけなさい。

(1) 役員に対して，渡切交際費として100,000円支出した。なお，これは，毎月定額で支給されるものではなく，臨時的なものである。この渡切交際費の額は，損金に算入できる。

(2) 役員に対して毎期定額で支給される渡切交際費であっても，過大役員給与となる場合には，その過大部分は損金不算入となる。

【解　答】

(1) ×　臨時的なものは，定期同額給与ではなく，損金とならない。

(2) ○

2－2－4　飲食に対する支出

（1）1人当たり5,000円の飲食

平成18年の改正により，1人当たり5,000円以下の飲食費が交際費の範囲から除外されることになりました（措法通61の4③二）。ただし，社内飲食費は，交際費から除外される飲食費には含まれません。この場合の社内飲食費は，専らその企業の役員や従業員又はこれらの親族に対する接待等のために支出する飲食をいいます。

（2）会議を伴う飲食

旅行や観劇を兼ねていても，会議としての実態を備えていれば，交通費や宿泊費を会議費とすることができます（措法通61の4(1)－(16)）。また1人当たり5,000円を超えた飲食であっても，会議に際して社内又は通常会議を行う場所において通常供される昼食の程度を超えない飲食物の接待に要する費用は，損金に認められます

（措通61の4（1）－21）。

（3）会費制によるパーティ費用

法人が創立記念パーティ等を開催する場合，それに要する費用は，交際費等になります（措通61の4（1）－15）。この場合，ご祝儀の処理に関して，2つの考え方があり，パーティ費用から，ご祝儀を控除しないものと，逆に，控除するものとがあります。過去の判例では，控除できないとされています（東京地裁，平成元年12月18日判決）。しかし会費制又は協賛の形態であれば，その会費や協賛金はパーティ費用の一部負担金となり，パーティ費用から会費や協賛金を控除することができます。

例　題

次の会計処理は，税務上適切ですか。適切なものに○，不適切なものに×をつけなさい。

(1) 飲食が二次会まであったが，一次会と二次会は別の店で行われた。一次会は，5,000円で，二次会は，3,000円であった。合計すると，8,000円となるが，店は別々なので，損金に算入される。

(2) 親会社の役員と1人5,000円以内の飲食を行った。この飲食は，社内飲食となり，損金とならない。

(3) ゴルフや観劇が終わった後，希望者のみ，1人5,000円以内の飲食を行った。この飲食は，ゴルフや演劇と不可分の関係になり，損金に算入できない。

(4) 遠隔地の得意先を招いて，会議を行い，交通費を支払った。この交通費は，会議費として，損金に算入することができる。

(5) 当社の接待用施設で，得意先を接待した。材料費，酒は当社が購入したものであるので，交際費にはならない。

(6) 記念祝賀会を開催する際に，受け取ったご祝儀をパーティ費用から控除した。この記念祝賀会は，会費制で開催されているので，ご祝儀をパーティ費用から控除した金額を交際費等としても，税務上問題はない。

【解　答】

(1) ○　一次会と二次会は，別会計となり，それぞれが5,000円以内なら，損金となる。

(2) ×　親会社は別会社なので，交際費等とはならず，損金となる。

(3) ×　この場合は，ゴルフや演劇と飲食は分けることができ，交際費等とはならない。

(4) ○　会議としての実態があれば，会議費として処理することができる。

(5) ×　材料費や酒代は，交際費となる。

(6) ○

2－3　貸倒損失のタックス・プランニング

法人の有する金銭債権が回収不能となった場合には，企業会計では，貸倒損失が当然計上されることになっていますが，しかし，税務上は，事実上回収不能でも，貸倒損失を簡単に計上することはできません。

税務上，回収不能になった際の事実認定の基準として，次に示す通達において，その取扱いの詳細が示されております。

(1) 金銭債権の切捨てをした場合の貸倒損失の計上（法基通9－6－1)。

(2) 回収不能債権の貸倒損失の計上（法基通9－6－2)。

(3) 一定期間取引停止後弁済がない場合等の貸倒損失の計上（法基通9－6－3)

2－3－1　金銭債権の切捨てをした場合の貸倒損失の計上

原則として，債権に関する貸倒れの判定は，債権の全額が貸倒れになったかどうかで判定されます。しかし債務者等について，次のような事実が発生した場合には，債権が法律的にも部分的に消滅してしまいますので，税務上も貸倒損失を計上することができます。

(1) 更生計画認可の決定又は再生計画認可の決定があったこと
…これらの決定により切り捨てられた部分の金額

(2) 会社法の規定による特別清算に係る協定の認可の決定があったこと
…これらの決定により切り捨てられることになった部分の金額

(3) 法令の規定による整理手続によらない関係者の協議決定で次に掲げるものによりその債務者に係る債務が切り捨てられたこと
…その切り捨てられることとなった部分の金額

イ　債権者集会の協議決定で，合理的な基準により債務者の負債整理を定めているもの

ロ　行政機関又は金融機関その他の第三者のあっせんによる当事者間の協議により締結された契約で，その内容がイに準ずるもの

(4) 債務者の債務超過の状態が相当期間継続し，その金銭債権の弁済を受けることができないと認められる場合において，その債務者に対し債務免除額を書面により通知したこと
…その通知した債務免除額

(1) から (3) に関しては，法令の規定により，貸倒損失が計上できるかどうかが決まってしまいますので，税務上問題が生じることはありません。

しかし，(4) に関しては，債権を有している法人が書面により通知すればよいのですから，法人の裁量により，貸倒損失が計上できることになります。

2－3－2　回収不能債権の貸倒損失の計上

金銭債権については，回収の見込みがなくても，債務の免除をしない限り，法律的には債権は消滅しませんので，原則的には，貸倒れとして処理することはできません。

しかしながら，法律上は債権が消滅していなくても，実質的に

は債権が回収不能である場合があります。そこで，一定の条件を満たす場合には，損金経理を要件に，貸倒損失として処理することを認めています。

(1) 債務者の資産状況，支払能力などからみて，回収できないことが明らかなこと
(2) その貸金等の全額が回収できないこと
(3) その明らかになった日の属する事業年度の貸倒損失として処理すること
(4) 担保物があるときはその担保物を処分した後に貸倒れとして処理すること

債権の一部に関して，貸倒れ処理をすることはできないので注意してください。債権の一部に関して貸倒れを認めると，債権の評価替えを認めることになってしまいます。税法では，債権の評価替えは原則としては認められていません。また，一部のみの貸倒損失の計上を認めてしまうと，利益操作につながってしまいます。

また，保証債務は現実に履行した後でなければ，貸倒れの対象とすることはできません（法基通９－６－２)。

２－３－３　一定期間取引停止後弁済がない場合等の貸倒損失の計上

売掛債権に関しては，貸付金とは異なり，債務者に対して，次のような事実が発生した場合に，貸倒損失を計上することができます。ここにおける売掛債権とは，売掛金，未収請負金その他これに準ずる債権をいい，貸付金その他これに準ずる債権は含まれません。また，この場合にも，法律上は債権が残っていますので，法人が損金経理することが要件になりますし，担保物があるときは，その担保物を処分した後でなければなりません。なお，債権金額から，備忘価額（最低１円までの任意の金額）を控除した残額を貸倒損失とし

て処理することができます。

(1) 債務者につきその資産状況，支払能力等が悪化したため，取引停止後（最後の弁済期の方が遅い時は，その弁済期後）1年以上経過したにもかかわらず弁済がないこと。ただし，売掛債権について，担保を取っている場合を除きます。

(2) 同一地域内の売掛債権の総額が，その取立旅費などの費用にも満たない場合で，督促しても弁済がないこと。

例 題

次の会計処理は，税務上適切ですか。適切なものに○を，不適切なものに×をつけなさい。

(1) 債務者の資産状況，支払能力などからみて，その債務者に対して有する貸金等の一部が回収できないことが明らかになれば，貸倒損失を計上できる。

(2) 貸金等の全額が回収できないことが明らかになり，貸倒損失を計上することにした。ただし，担保物は処分していない。

(3) 債務者につき，その資産状況，支払能力等が悪化し，取引停止後1年以上経過したにもかかわらず弁済がないため，貸付金に関し，貸倒損失を計上した。

(4) 債務者の債務超過の状態が相当期間継続し，その金銭債権の弁済を受けることができないと認められる場合において，その債務者に対し債務免除額を書面により通知しても，税務上貸倒損失の計上はできない。

(5) 会社法の規定による特別清算に係る協定の認可の決定があった場合には，この決定により切り捨てられることになった部分の金額に関して，貸倒損失を計上することができる。

【解 答】

(1) × 法律的に債権が消滅するか，書面により債務免除額を通知しなければ，貸倒損失は計上できない。

(2) × 担保物処分後でなければならない。

(3) × この場合，貸付金には，適用はない。

(4) ×

(5) ○

練習問題

3－1　次の資料により，当社の当期における欠損金等の当期控除額を求めなさい。当社は，連続して，青色申告書を提出している。

令和３年度（令和３年 4.1 ～令和４年年 3.31）欠損金額
△　2,000,000 円

令和４年度（令和４年 4.1 ～令和５年 3.31）欠損金額
△　4,000,000 円

令和５年度（令和５年 4.1 ～令和６年 3.31）所得金額
3,000,000 円

3－2　次の資料により，当社の当期における欠損金等の当期の還付税額を求めなさい。当社は，資本金１億年以下の中小法人である。

前年度の所得金額：10,000,000 円
前年度の法人税額：　3,000,000 円
当年度の欠損金額：　5,000,000 円

3－3　次の資料に基づき，当社の交際費等の損金不算入額を計算しなさい。当社の資本金額は，5,000 万円である。支出交際費の額は，20,000,000 円である。接待飲食費は 1,000,000 円である。

3－4　当社の寄附金の損金算入限度額の計算をしなさい。

（1）資本金の額及び資本準備金の額の合計額　40,000,000 円
（2）特定公益増進法人に対する寄附金　2,000,000 円
（3）別表４仮計の金額　80,000,000 円

3－5　次の資料に基づき，当社（同族の特定同族会社に該当）の当期（令和５年４月１日から令和６年３月 31 日）における課税留保金額に対する特別税額を計算しなさい。

（1）当期留保金額　100,000,000 円
（2）所得等の金額　124,000,000 円
（3）期末資本金額　120,000,000 円
（4）期末利益積立金額　6,000,000 円

3－6　下記の固定資産に関して，当期（令和５年４月１日から令和６年３月 31 日）における，税務上調整すべき金額を算定しなさい。

建物（平成19年4月1日以降で，当期以前取得）

取得価額	20,000,000円
当期償却費	490,000円
期末帳簿価額	19,000,000円
繰越償却超過額	20,000円
耐用年数	50年
定額法償却率	0.020

3－7　下記の固定資産に関して，当期（令和5年4月1日から令和6年3月31日）における，税務上調整すべき金額を算定しなさい。

建物（平成19年4月1日以降で当期以前取得）

取得価額	20,000,000円
当期償却費	340,000円
期末帳簿価額	19,000,000円
繰越償却超過額	20,000円
耐用年数	50年
定額法償却率	0.020

3－8　当期（令和5年4月1日～令和6年3月31日）の税務上調整すべき金額を算定し，グルーピングした方が有利かどうか検討しなさい。償却方法は定額法であり，償却率は，0.067である。

種類	構造等	耐用年数	償却方法	取得価額	当期償却費	備考
備品A	事務机	15年	定額法	600,000円	44,000円	(1)
備品B	事務机	15年	定額法	200,000円	3,000円	(2)

(1) 備品Aの事業供用日は，前期である。
(2) 備品Bの事業供用日は，前期であり，繰越償却超過額が8,000円ある。

(注) 備品A・Bは，同一種類の資産であるから，償却限度額について，グルーピングすることができる。

3－9　当期（令和5年4月1日～令和6年3月31日）の3月1日に，単価180,000円のパソコンを10台購入した。20万円未満なので，3年で均等償却することにした。当期に損金算入できる金額はいくらか。

3－10　次の設問に答えなさい。

(1) 用途変更のため，建物の模様替えを行い，30万円支出した。もっとも，この模様替えは，3年ごとの周期で行われる。この場合，修繕費として処理することができる金額はいくらか。

(2) 災害により，損害を受けた資産について支出した費用100万円が，資本的支出であるか修繕費かわからない場合に，どのぐらいの金額を修繕費として処理することができますか。

(3) ある部屋のカーテンを購入した。その部屋に，カーテンが4つすえつけられた。そのカーテンは，1つ5万円であった。このカーテンの代金を一時償却できますか。

(4) 当期（令和5年4月1日～令和6年3月31日）の3月1日に，単価150,000円のコピー機を4台購入した。20万円未満なので，3年で均等償却することにした。当期に損金算入できる金額はいくらか。

3－11　次の資料により，当社の当期（令和5年4月1日～令和6年3月31日）における税務上調整すべき金額を算定しなさい。

当社は，機械装置8,000,000円を当期の1月に取得し，事業の用に供している。この機械は，租税特別措置法第42条の6に規定する中小企業社等が取得した特定経営力総合設備等に該当し，この制度の適用条件に合致している。当期償却額は，3,000,000円である。当社は，機械装置の償却方法として，定額法を採用している。耐用年数は，10年であり，償却率は，0.100である。特別償却と税額控除をした場合の税務上適切な処理をしなさい。

なお，税率適用後の算出税額は，30,000,000円である。

3－12　次の会計処理は，税務上適切ですか。適切なものに○を，不適切なものに×をつけなさい。

(1) 得意先に2,000円の旅行券を交付したが，3,000円なので，少額物品に該当し，交際費にならない。

(2) ゴルフを得意先と楽しみ，プレーの合間に，1人5,000円以内の飲食を行った。

この費用は，5,000円以内の飲食なので，交際費等にはならない。

(3) 温泉で一泊し，その旅費を会議費に計上した。しかし会議の実態はない。

(4) 創立記念パーティを行った。この宴会費用を福利厚生費にしたが，税務上は，交際費等となる。

３－13　次の会計処理は，税務上適切ですか。適切なものに○を，不適切なものに×をつけなさい。

(1) 担保物の処分をしなくても，貸倒損失の計上が認められるのは，つぎの場合のうち，①に限られる。

① 金銭債権の切捨てをした場合の貸倒損失の計上（法基通９－６－1)。

② 回収不能債権の貸倒損失の計上（法基通９－６－2)。

③ 一定期間取引停止後弁済がない場合等の貸倒損失の計上（法基通９－６－3)。

(2) 税務上，売掛債権に関して，取引が停止後１年以上経過した場合に貸倒れ処理できる場合においては，債権金額から，備忘価額（最低１円までの任意の金額）を控除した残額を貸倒損失として処理しなければならない。

(3) 回収不能の金銭債権の貸倒れに関しては，担保物を処分した後に貸倒れ処理することになるが，この場合の担保物には，債務者である法人の資産を担保として扱っている場合だけではなく，第三者による債務保証という人的担保も含まれる。

(4) 債務者につき，その資産状況，支払能力等が悪化し，取引停止後１年以上経過したにもかかわらず弁済がないため，売掛債権に関し，貸倒損失を計上した。

(5) 債務者につき，その資産状況，支払能力等が悪化し，取引停止後１年以上経過したにもかかわらず弁済がないため，売掛金に関し，貸倒損失を計上した。ただし，担保物は処分していない。

第4章
所　得　税

第1節　所得税の基本的な仕組み

1－1　所得税の計算

所得税でも企業会計の考え方はもちろん重要視されていますが，法人税の所得計算とは異なり，所得税の所得計算は，所得税独自の方法で計算されるところがあります。所得税の場合には，所得をその性格によって，10種類に分類して計算します。また，それぞれの所得区分において赤字が出た場合には，他の種類の所得の黒字でもって相殺するという**損益通算**が認められています（所法69の①）。

所得税では，**総合課税**を原則としながらも，一部の所得については，**分離課税**という方法が採用されています。総合課税となるものは，すべての所得を合計して所得金額を計算することになります。一方，分離課税となるものは，その分離課税分ごとに税率を適用して税額を計算することになります。そして総合課税の税金と分離課税の税金との合計額が納付すべき所得税額となります。また分離課税には，2種類あり，確定申告によりその税金を納める**申告分離課税**と，源泉徴収により納税が完結する**源泉分離課税**があります。

1－2　確定申告

納税者は，1月1日から12月31日の間に生じた所得金額及び所得税額を計算し，原則として翌年2月16日から3月15日の間に申告し，所得税額を納付します。この申告を**確定申告**といいます（所法120）。

1－3　青色申告

不動産所得，事業所得又は山林所得を有する人は，納税地の所轄税務署長の承認により，確定申告書及び当該申告書にかかる修正申告書を青色の申告書により提出することができます。青色申告書を提出する人たちは，青色申告者と呼ばれ，申告や納税の手続きなどに関して，有利な取り扱いを受けることができます。

青色申告の承認を受けるには，その年の3月15日まで（その年の1月16日以後新たに事業を開始したときは2カ月以内）に納税地の所轄税務署長に青色申告承認申請書を提出します（所法144）。

例　題

次の文章のカッコに適切な言葉を入れなさい。

青色申告をすることができる個人は，事業所得，（　　　　），山林所得を生ずべき事業を行う人に限られる。

【解　答】

不動産所得

青色申告者には下記のような特典があります。

（1）青色申告特別控除

①　55万円の青色申告特別控除

55万円の青色申告特別控除は，次の条件を満たしている人に適用があり，不動産所得の金額と事業所得の金額の範囲内で最高55万円を不動産所得の金額・事業所得の金額から順次控除できることになっています（措法25の2③④⑤）。

a. 不動産所得又は事業所得を生ずべき事業を営むもの

b. 「正規の簿記の原則」に従って取引を記録していること(注)

c. 損益計算書，貸借対照表，その他の計算明細書を確定申告書に添付して提出すること

d. 期限内に確定申告書を提出すること

（注）その帳簿書類について，所得税法施行規則第57条から第62条まで及び第64条の規定に定めるところにより記録し，作成している場合をいいます。

令和2年以後は，上記のa, b, c, dの条件に加えて，e-Taxによる申告（電子申告）又は電子帳簿保存のいずれかを行っている場合には控除額は最高65万円になります（本書では，基本的に65万円の青色申告特別控除を前提に，説明していきます）。

② 10万円の青色申告特別控除

前記①以外の青色申告者は，すべて10万円の青色申告特別控除が適用されます。不動産所得の金額と事業所得の金額又は山林所得の金額の範囲内で最高10万円を不動産所得の金額・事業所得の金額・山林所得の金額から順次控除できることになっています（措法25の2①②）。

（2）青色事業専従者給与

青色申告者が生計を一にする親族のうち，事業に専従する人に対して支払う給与は，必要経費に算入することができます（所法57①）。しかし必要経費に認められるためには，たとえば，**青色事業専従者**（その年の12月31日現在で15歳以上）は，その年を通じて6カ月を超える期間，事業にもっぱら従事しなければならないとか，青色事業専従者給与に関する届出書に記載した方法に従って，その金額の範囲内で給与の支払いをしなければならないなどの一定の条

件を納税者が満たさなければなりません。

（3）純損失の繰越控除又は還付

青色申告者の不動産所得，事業所得，山林所得又は譲渡所得に損失が生じた場合，損益計算の規定を適用してもなお控除しきれない部分の金額は，翌年以後3年間繰り越して，翌年以後3年間の所得と相殺することが認められています（所法70①②）。

また，前年分の所得についても，すでに青色申告書を提出していれば，純損失の金額の一部を過去にさかのぼって前年分の所得の金額と相殺し，前年に納めた所得税の還付を受けることができます（所法140）。

例　題

次の場合における本年分の課税標準を計算しなさい。

(1) 当年分の各種所得の金額
　事業所得の金額　1,500,000円
　不動産所得の金額　400,000円
　雑所得の金額　200,000円

(2) 前年分の純損失の金額
　不動産所得にかかるもの　300,000円

(3) 前々年分の純損失の金額
　事業所得にかかるもの　400,000円

【解　答】

(1) 1,500,000円＋400,000円＋200,000円＝2,100,000円

(2) 純損失の繰越控除
　前々年分　2,100,000円－400,000円＝1,700,000円
　前年分　1,700,000円－300,000円＝1,400,000円

1－4　各種所得の金額の計算

所得税の計算は，課税所得を10種類の所得に区分し，それぞれの所得金額をまず計算することになっています。

1－4－1　利子所得

利子所得とは，公社債及び預貯金の利子並びに合同運用信託，公社債投資信託及び公募公社債等運用投資信託の収益の分配にかかる所得をいいます（所法23①）。

利子所得は，非課税となるものを除き，原則として，受け取り時に20%（所得税15%，住民税5%）の税率で源泉徴収され，課税が完結してしまいます。

1－4－2　配当所得

配当所得とは，法人から受ける①剰余金の配当，②利益の配当，③剰余金の分配，④基金利息，⑤公社債投資信託及び公募公社債等運用投資信託以外の投資信託の収益の分配及び⑥特定受益証券発行信託の収益の分配に係る所得をいいます（所法24①）。

（1）上場株式等（特定株式投資信託の収益の分配を含みます）

上場株式等に対する源泉徴収税率は，以下のようになります。

平成26年1月1日～

所得税の源泉徴収税15.315%と住民税5%

申告不要を選択し，源泉徴収のみで課税を完結することができます（措法8の5①）。

もっとも，確定申告を行えば，総合課税（配当控除の適用あり）又は申告分離課税（配当控除の適用なし）を選択することができます（措法8の4①②）。申告分離課税を選択した場合には，上場株式等の譲渡損失の金額がある場合に，損益通算ができます（措法37の

12の2)。

なお，総合課税とするか申告分離課税とするかは，全体について統一適用となります（措法８の４②)。

（２）公社債投資信託以外の公募証券投資信託の収益の分配及び特定投資法人の投資口の配当等

平成26年１月１日～

所得税の源泉徴収税15.315と住民税５％

もっとも，確定申告を行えば，総合課税（配当控除の適用あり）又は申告分離課税（配当控除の適用なし）を選択することができます(措法８の４①②)。申告分離課税を選択した場合には，上場株式等の譲渡損失の金額がある場合に，損益通算ができます（措法37の12の2)。

なお，総合課税とするか申告分離課税とするかは，全体について統一適用となります（措法８の４②)。

（３）私募公社債等運用投資信託等の配当所得の源泉分離課税

①　公募公社債等運用投資信託以外の公社債等運用投資信託の受益権

②　社債受益権

所得税の源泉徴収税15.315％と住民税5％

（４）上場株式等の大口株主等

大口株主（発行済株式総数の3％以上を，個人株主のみで保有するか，あるいは個人株主とその個人株主が保有する同族会社が保有する場合）が受け取る配当については，令和５年10月１日以後に支払われる上場株式等の配当は，原則総合課税（配当控除の適用あり）となります(所得税の源泉徴収税20.42％)。

（5）非上場株式等の配当

非上場株式等の配当については，所得税の源泉徴収税率は，20.42％になります。また，1回の支払金額に係る適用上限額（内国法人から1回に支払いを受けるべき金額が10万円に配当計算期間の月数を乗じてこれを12で除して計算した金額以下）を満たす場合で源泉徴収されたもののみ，申告不要を選択することができます。

もっとも，確定申告を行えば，総合課税（配当控除の適用あり）を選択することができます。

例　題

次の資料に基づき，配当所得を計算しなさい。なお，申告不要にできるものは申告不要とすること。

私募公社債等運用投資信託の収益の分配　81,250円（源泉税控除前）
B非上場株式の配当　250,000円（源泉税控除前）
C株式会社（上場）の剰余金の分配　500,000円（源泉税控除前）
D株式会社（上場）の剰余金の分配　76,000円（源泉税控除前）
なお，本年対応分の負債の利子が220,000円ある。

【解　答】

（単位：円）

摘　　要	金　額	計算過程
配当所得 （申告不要） （源泉分離）	30,000 (576,000) (81,250)	(1) 収入金額 ① 私募公社債等運用投資信託　81,250 ② B株　250,000 ③ C株　500,000（申不） ④ D株　76,000（申不） (2) 元本取得に要した負債の利子 220,000 (3) (1)－(2) ＝ 250,000 － 220,000 ＝ 30,000

（解説）

申告不要となる配当所得の元本を取得するために要した負債の利子は，収入金額から控除できません。C，D株は，上場株式等の配当であり，申告不要を選択することができます。

1－4－3　不動産所得

不動産所得とは，不動産，不動産の上に存する権利，船舶又は航空機（「不動産等」という）の貸付けによる所得をいいます（所法26）。

1－4－4　事業所得

事業所得とは，農業，漁業，製造業，卸売業，小売業，サービス業その他の事業から生じる所得をいいます（所法27）。

1－4－5　給与所得

給与所得とは，俸給，給料，賃金，歳費及び賞与並びにこれらの性質を有する給与（「給与等」という）に係る所得をいいます（所法28①）。なお，勤務先から受けた扶養手当も給与所得に含まれます。

1－4－6　退職所得

退職所得とは，退職手当，一時恩給その他の退職により一時に受ける給与及びこれらの性質を有する給与（「退職手当等」という）に係る所得をいいます（所法30①）。

1－4－7　山林所得

山林所得とは，山林の伐採又は譲渡による所得をいいます（所法32）。山林を取得の日以後5年以内に伐採し又は譲渡することによる所得は山林所得に含まれないことになっています。なお，保有期間が5年以内のものは，事業所得又は雑所得になります（所基通35－2）。

1－4－8　譲渡所得

譲渡所得とは資産の譲渡による所得をいいます（所法33①②）。

棚卸資産の譲渡による所得及び山林の伐採又は譲渡による所得は譲渡所得には含まれないことになっています。

土地建物等の譲渡所得計算は，他の譲渡所得とは分離して計算するので，これらの所得は，分離所得と呼び，他の譲渡所得である総合所得と区別しています。結局，譲渡所得の種類は，以下のようになります。

土地建物等	その年の1月1日における所有期間が5年以下	分離短期
	その年の1月1日における所有期間が5年超	分離長期
その他の資産	所有期間　　5年以内	総合短期
	所有期間　　5年超	総合長期

1－4－9　一時所得

一時所得とは，利子所得，配当所得，不動産所得，事業所得，給与所得，退職所得，山林所得及び譲渡所得以外の所得のうち，営利を目的とする継続的行為から生じた所得以外の一時の所得で労務その他の役務又は資産の譲渡の対価としての性質を有しないものをいいます（所法34①）。

1－4－10　雑所得

雑所得とは，利子所得，配当所得，不動産所得，事業所得，給与所得，退職所得，山林所得，譲渡所得及び一時所得のいずれにも該当しない所得をいいます（所法35①）。

1－5　課税標準の計算

10種類の所得区分のうちある所得に損失（赤字）が生じた場合，その赤字を他の所得の黒字から，控除することができます。このことを**損益通算**といいます。損益通算には一定のルールがあります。損益通算に関しては，所得税のタックス・プランニングで説明します。

所得税には，総合課税と分離課税の二通りの課税方式があります。一暦年の各種所得の金額が集計され，総合課税されるのが，所得税法の原則です。しかし，いくつかの所得に関しては，例外的に，分離課税されます。

総合課税される所得は，合算されます。その合算された金額は，(1) 総所得金額とよばれます。

分離課税される所得は，合算されずに，(2) 短期譲渡所得の金額，(3) 長期譲渡所得の金額，(4) 株式等に係る譲渡所得等の金額，(5) 先物取引に係る課税所得等の金額，(6) 山林所得金額，(7) 退職所得金額，として，別個に集計されます。

(1) 総所得金額

(利子所得の金額＋配当所得の金額＋不動産所得の金額＋事業所得の金額＋給与所得の金額＋総合短期譲渡所得の金額＋雑所得の金額) ＋ (総合長期譲渡所得の金額＋一時所得の金額) × $\frac{1}{2}$

(2) 短期譲渡所得の金額

分離短期譲渡所得の金額

(3) 長期譲渡所得の金額

分離長期譲渡所得の金額

(4) 株式等に係る譲渡所得等の金額

分離課税の株式等に係る事業所得・譲渡所得・雑所得

(5) 先物取引に係る課税所得等の金額

分離課税の先物取引に係る事業所得・雑所得

(6) 山林所得金額

山林所得の金額

(7) 退職所得金額

退職所得の金額

このようにして計算された各所得の課税標準の合計を**課税標準の合計額**といいます。

1－6 課税所得金額の計算

課税標準の計算で算出された総所得金額から，**所得控除**を差し引いて，**課税総所得金額**を算出します。課税総所得金額と他の分離課税する所得とは別個に表示します。

1－7 税額の計算

納税者に対する所得税の額は，以下の課税所得金額に分けられ，税率を乗じて，計算されます。

(1) 課税総所得金額
(2) 課税短期譲渡所得金額
(3) 課税長期譲渡所得金額
(4) 株式等に係る課税譲渡所得等の金額
(5) 先物取引に係る雑所得等の金額
(6) 課税山林所得金額
(7) 課税退職所得金額

1－7－1 課税総所得金額に対する税額の計算

課税総所得金額に対する所得税額は，以下の算式により計算されます（所法89）。

課税総所得金額×超過累進税率

超過累進税率による税額の速算式は，以下のとおりです。

課税総所得金額に対する税額の計算

((A)の金額は，1,000円未満切捨て)

課税総所得金額（A）	税率(B)	控除額(C)	税額＝(A)×(B)－(C)
1,950,000円以下	5%	—	(A)×5%
1,950,000円超 3,300,000円以下	10%	9.75万円	(A)×10%－9.75万円
3,300,000円超 6,950,000円以下	20%	42.75万円	(A)×20%－42.75万円
6,950,000円超 9,000,000円以下	23%	63.6万円	(A)×23%－63.6万円
9,000,000円超 18,000,000円以下	33%	153.6万円	(A)×33%－153.6万円
18,000,000円超 40,000,000円以下	40%	279.6万円	(A)×40%－279.6万円
40,000,000円超	45%	479.6万円	(A)×40%－479.6万円

1－7－2 課税短期譲渡所得金額に対する税額の計算

短期所有の土地建物等に係る譲渡所得に対しては，課税短期譲渡所得金額の30%の税率による所得税を課することとされています(措法32①)。

課税短期譲渡所得金額×30%

1－7－3 課税長期譲渡所得金額に対する税額の計算

長期所有の土地建物等に係る譲渡所得に対しては，課税長期譲渡所得金額の15%の税率による所得税を課することとされています(措法31①)。

課税長期譲渡所得金額×15%

例 題

算出税額を計算しなさい。

(1) 課税総所得金額 6,000,000円

(2) 課税短期譲渡所得金額 8,000,000円

(3) 課税長期譲渡所得金額 20,000,000円

【解　答】

(1) 課総　6,000,000円×20%－427,500円＝772,500円

(2) 課短　8,000,000円×30%＝2,400,000円

(3) 課長　20,000,000円×15%＝3,000,000円

(1)～(3)の計　6,172,500円

1－7－4　株式等に係る課税譲渡所得金額の計算

株式等に係る課税譲渡所得等の金額に対する所得税額は，次の算式により計算されます（措法37の10)。

株式等に係る課税譲渡所得等の金額×15.315%

例　題

次の資料に基づき，株式等に係る課税譲渡所得等の算出税額を計算しなさい。

(1) 非上場株式等の譲渡に係るもの　8,000,000円

(2) 上場株式等の譲渡に係るもの　2,000,000円

【解　答】

(1) 非上場

8,000,000円×15.315%＝1,225,200円

(2) 上場

2,000,000円×15.315%＝306,300円

1－7－5　先物取引に係る雑所得等の税額の計算

先物取引に係る課税雑所得等の金額に対する所得税額は，次の算式により計算されます（措法41の14)。

先物取引に係る課税雑所得等の金額×15%

1－7－6　課税山林所得金額に対する税額の計算

山林所得金額に対する税額は，課税山林所得金額の5分の1の金額について総所得金額に対する税額の計算と同様の方法で計算した金額を5倍して計算します（所法89）。

$$(\text{課税山林所得金額} \times \frac{1}{5} \times \text{税率}) \times 5$$

課税山林所得金額に対する税額の速算式は，以下のとおりです。

課税山林所得金額に対する税額の計算

（(A)の金額は，1,000円未満切捨て）

課税山林所得金額（A）	税率(B)	控除額(C)	税額＝(A)×(B)－(C)
9,750,000円以下	5%	—	(A)×5%
9,750,000円超　16,500,000円以下	10%	48.75万円	(A)×10%－48.75万円
16,500,000円超　34,750,000円以下	20%	213.75万円	(A)×20%－213.75万円
34,750,000円超　45,000,000円以下	23%	318万円	(A)×23%－318万円
45,000,000円超　90,000,000円以下	33%	768万円	(A)×33%－768万円
90,000,000円超 200,000,000円以下	40%	1,398万円	(A)×40%－1,398万円
200,000,000円超	45%	2,398万円	(A)×45%－479.6万円

このような税額計算の方法を**5分5乗方式**といい，累進税率が緩和される効果があります。

例　題

京都太郎の山林所得の金額及び当該所得金額に対する税額を計算しなさい。

京都太郎は，本年９月に20年間保有していた立木を譲渡した。必要経費の計算は，概算額と必要経費を比較して，京都太郎に有利な方を選択すること。

なお，青色申告特別控除10万円の適用あり。

・譲渡対価　80,000,000円
・取得費等　60,000,000円
・譲渡費用　　200,000円

【解　答】

（所得金額）

（1）総収入金額
80,000,000円

（2）必要経費
①　実額　60,000,000円＋200,000円＝60,200,000円
②　概算　（80,000,000円－200,000円）×50%＋200,000円＝40,100,000円
③　①>②
∴ 60,200,000円

（3）特別控除額｛（1）－（2）｝＞500,000円
∴ 500,000円

（4）青色申告特別控除　100,000円

（5）（1）－（2）－（3）－（4）＝19,200,000円

算出税額は，19,200,000円×20%－2,137,500円＝1,702,500円となる。

（参考）

$$(19{,}200{,}000\text{円} \times \frac{1}{5} \times 20\% - 427{,}500\text{円}) \times 5 = 1{,}702{,}500\text{円}$$

1－7－7　課税退職所得金額に対する税額の計算

課税退職所得金額×超過累進税率

課税退職所得金額に対する税額は，課税退職所得金額について総所得金額に対する税額の計算と同様の方法で計算します。

例 題

算出税額を計算しなさい。

課税退職所得金額 6,000,000円

【解 答】

6,000,000円× 20% − 427,500円 = 772,500

第2節 所得税のタックス・プランニング

2−1 損益通算のタックス・プランニング

2−1−1 損益通算の対象とその順序

法人の所得の場合には，所得を区分することがなく，すべての所得を集計し，その所得計算のうちで，いわば，赤字と黒字が自然に相殺されていますから，個人の所得の場合も，赤字の種類の所得が出たら，他の黒字の所得と相殺することができるのは当然であるともいえますが，現実には，わが国の所得税では，所得を10種類に区分しており，その種類ごとの所得を計算しますので，単純に赤字の所得と黒字の所得の相殺ができるわけではありません。もっとも，わが国の所得税は，数種類の所得金額について，各種所得の金額のうちで，プラスである所得からマイナスである損失の控除を認める規定が存在します。それが，**損益通算**とよばれる制度です。

具体的には，4つの所得のみが，損益通算できる所得となっています。

① 不動産所得の金額

② 事業所得の金額

③ 山林所得の金額

④ 譲渡所得の金額（総合短期・総合長期）

損益通算には次に示すような順序があります。

（1）第1次通算

不動産又は事業所得の損失は，経常所得（利子・配当・不動産・事業・給与・雑）の黒字から控除します。

譲渡所得に生じた損失は，一時所得の金額（50万円の特別控除後で2分の1前）から控除します。譲渡所得には，総合課税の対象となる譲渡所得と分離課税の対象となる譲渡所得がありますが，損益通算の対象となるのは，総合課税の対象となる譲渡所得の計算上生じた損失に限られます。また，総合短期，総合長期の順番で控除します。

（2）第2次通算

不動産所得又は事業所得の損失で，第1次通算によってもなお通算しきれなくなった損失は，譲渡所得から控除し，それでも損失が残っている場合には，一時所得（50万円の特別控除後で2分の1前）から差し引きます。

譲渡所得の損失が第1次通算によっても残っている場合には，経常所得から差し引きます。

（3）第3次通算

第2次通算を行っても，まだ残っている損失（総所得の損失）又は山林所得の損失は，以下のように損益通算を行います。

総所得の赤字は，山林所得の金額（50万円の特別控除後）から控除し，それでも控除しきれない場合には，退職所得の金額（2分の1後）から控除します。

山林所得の金額が赤字の場合には，次の順番で，控除します。

① 経常所得の金額

② 譲渡所得の金額

③ 一時所得の金額（50万円の特別控除後で，2分の1前）

④　退職所得の金額（2分の1後）

2－1－2　損益通算の対象とならないもの

利子所得，退職所得，給与所得，配当所得，一時所得，雑所得は，損益通算できません。

利子所得，退職所得，給与所得に関しては，通常は，損失が生じるということはありません。ですから，これらの所得に関して，損益通算は認められていません。一時所得に関しては，その収入を得るために直接要した費用のみが控除できることになっており，それ以外の所得と相殺することを意味する，損益通算は認められません。配当所得に関しては，課税政策上の理由から，損益通算は認められていません。雑所得は，必要経費が収入を上回ることがあまりないことなどの理由から，雑所得の計算上生じた損失の金額を，他の所得と通算することは認められていません。

その他，以下の項目は，損益通算が認められていません。

①　土地建物等の譲渡所得の金額の計算上生じた損失

土地建物等の譲渡所得の金額の計算上生じた損失の金額は，原則として，土地建物等の譲渡による所得以外の所得との損益通算は認められていません（措法31①，措法32①）。

ただし，居住用財産の譲渡損失については，一定の要件を満たせば，損益通算することができます。

②　生活に通常必要でない資産に係る損失

生活に通常必要でない資産に係る損失は，原則として，損益通算できません（所法69②）。しかし，競走馬の譲渡による譲渡損失の場合には，競走馬の保有に係る雑所得の金額を限度として，損益通算できます（所法69②，所令200①②）。

③　株式等に係る譲渡所得等の金額に係る損失

株式等の譲渡に係る所得の金額の計算上生じた損失の金額は，株式等の譲渡に係る所得の金額内での損益通算のみ可能であり，他の所得の金額との損益計算はできません（措法37の10①）。

④　先物取引に係る雑所得等の金額に係る損失

先物取引に係る所得の金額の計算上生じた損失の金額は，先物取引に係る所得の金額内での損益通算のみ可能であり，他の所得の金額との損益計算はできません（措法41の14①）。

⑤　不動産所得の損失の金額のうち，土地等を取得するための負債の利子

損失の金額のうち必要経費に算入した土地等を取得するための負債の利子相当額については，損益通算は認められません。

例　題

(1) 損益通算後の所得金額はいくらか。

給与所得　　250万円
不動産所得　△340万円
譲渡所得　総合短期10万円，総合長期30万円
一時所得　80万円（特別控除後で$\frac{1}{2}$を乗じる前）

(2) 損益通算後の所得金額はいくらか。

不動産所得　△200万円
（土地の取得に要した負債の利子20万円を含む）
事業所得　　250万円
譲渡所得（総短）　△100万円
一時所得　50万円（特別控除後で$\frac{1}{2}$を乗じる前）

【解 答】

(1) 不動産所得で生じた赤字は，まず第1順位の経常所得金額グループから控除するので，

不動産所得△340万円＋給与所得250万円＝不動産所得△90万円

次に第2順位の譲渡・一時所得の金額のグループから控除するが，まず総合短期から控除し，続いて総合長期から控除する。

不動産所得△90万円＋譲渡（総短）10万円＋譲渡（総長）30万円＝不動産所得△50万円

続いて，同じく第2順位の一時所得から控除する。

不動産所得△50万円＋一時所得80万円＝一時所得30万円

一時所得30万円× $\frac{1}{2}$ =15万円

(2) 不動産所得で生じた赤字は，まず第1順位の経常所得金額グループから控除する。また，土地の取得に要した負債の利子は損益通算の対象とならないので，

不動産所得△（200万円－20万円）＋事業所得250万円＝事業所得70万円

譲渡所得・一時所得のグループで生じた損失は，まず第1順位の譲渡・一時所得の金額のグループから控除するので，

譲渡所得（総短）△100万円＋一時所得50万円＝譲渡所得（総短）△50万円

続いて，第2順位の経常所得金額グループから控除するので，

譲渡所得（総短）△50万円＋事業所得70万円＝事業所得20万円

2－1－3 上場株式等の配当所得と譲渡損失との損益通算

上場株式等の譲渡にかかる所得の金額の計算上生じた損失の金額は，申告分離課税を選択した場合は，上場株式等に係る配当所得の金額と損益通算することができます（措法37の12の2)。

例 題

次の資料に基づいて，本年分の配当所得の金額及び課税標準額を計算しなさい。上場株式の配当について，申告分離課税を選択すること。

収 入	源泉所得税控除後	源泉所得税額
A株式（非上場株式）	159,160円	40,840円
B株式（上場株式）	111,559円	28,441円

なお，上場株式の譲渡所得の金額が，△120,000円ある。

【解　答】

（単位：円）

摘　　要	金　額	計算過程
Ⅰ各種所得の金額の計算		
配当所得		
総　合	200,000	A株　159,160 + 40,840 = 200,000
上場分離	140,000	B株　111,559 + 28,441 = 140,000

（単位：円）

摘　　要	金　額	計算過程
Ⅱ課税標準の計算		
総所得金額	200,000	
上場株式等に係る配当所得の金額	20,000	損益通算　△120,000 + 140,000 = 20,000

2－2　損失の繰越控除のタックス・プランニング

2－2－1　純損失の繰越控除

損益通算後に赤字の所得が生じた場合における，その赤字の金額を**純損失の金額**といいます。この純損失の金額は，純損失の生じた年の翌年から3年間，一定の順序により，所得金額から控除することができます（所法70①④）。

①　青色申告書を提出した場合…純損失の金額の全額

②　青色申告書以外の確定申告書を提出…純損失の金額のうち**変動所得の金額の損失及び被災事業用資産の損失**

純損失の繰越控除の順番は，次のとおりになります。

〈総所得金額の計算上生じた損失の金額〉

総所得金額 → 山林所得金額 → 退職所得金額

〈山林所得金額の計算上生じた損失の金額〉

山林所得金額 → 総所得金額 → 退職所得金額

例　題

次に掲げる資料により，京都太郎の本年分の課税標準を計算しなさい。京都太郎は，５年前から青色申告書提出の承認を受けており，繰越控除の適用を受けるための要件はすべて満たしている。

(1) 前々年分の純損失の金額　200,000 円（事業所得に係るもの）
(2) 前年分の純損失の金額　250,000 円（不動産所得に係るもの）
(3) 本年分の各種所得の金額
　事業所得の金額　2,000,000 円
　不動産所得の金額　1,000,000 円

【解　答】

(1) 2,000,000 円＋ 1,000,000 円＝ 3,000,000 円
(2) 純損失の繰越控除
　前々年分 200,000 円＋前年分 250,000 円＝ 450,000 円
　3,000,000 円－ 450,000 円＝ 2,550,000 円

２－２－２　雑損失の繰越控除

各年において生じた雑損失の金額でその損失の生じた年分の所得の金額から控除しきれなかった部分の金額は，その損失の生じた年の翌年から，３年間，一定の順序により，これらの所得金額から控除されます（所法 71 ①）。

この繰越控除の規定は，雑損失の金額の生じた年分の所得税についてその雑損失の金額に関する事項を記載した確定申告書をその提出期限までに提出した場合であって，その後も連続して確定申告書（期限後でもよい）を提出している場合に限り適用されます（所法 71 ②）。

雑損失の繰越控除の順番は，次のとおりになります。

総所得金額 → 分離短期譲渡所得の金額 → 分離長期譲渡所得の金額 → 分離株式等に係る譲渡所得等の金額 → 分離先物取引にかかる雑所得等の金額 → 山林所得金額 → 退職所得金額

例　題

次の資料に基づき，京都太郎の本年分の課税標準を求めなさい。

(1) 本年分の各種所得の金額
　　事業所得の金額　6,000,000 円

(2) 前年分の各種所得の金額
　　事業所得の金額　4,000,000 円

前年，住宅 10,000,000 円と家財 1,000,000 円（いずれも時価）が火災で焼失した。しかし保険金 6,000,000 円を受け取っている。

【解　答】

(1) 本年分の所得金額　6,000,000 円

(2) 雑損失の繰越控除

① 繰越額

10,000,000 円 + 1,000,000 円 − 6,000,000 円 = 5,000,000 円

4,000,000 円 × $\frac{1}{10}$ =400,000 円

5,000,000 円 − 400,000 円 = 4,600,000 円

4,000,000 円 − 4,600,000 円 = △ 600,000 円　∴ 600,000 円

② 控　除

6,000,000 円 − 600,000 円 = 5,400,000 円

2－3　純損失の繰戻し控除

青色申告者の純損失は，期限内申告書とともに繰戻還付請求書を提出した場合に限り，前年分の所得金額を限度に，前年分所得税額の還付を受けることができます（ただし前年分においても青色申告書を期限内に提出している場合に限る）（所法 140，所令 271）。

２－４　譲渡所得のタックス・プランニング

資産の譲渡による所得を**譲渡所得**といい，その譲渡所得には，**分離所得**と**総合所得**があります。分離所得は，土地や建物の譲渡による所得をいい，総合所得とは，土地建物以外の譲渡による所得をいいます。

また，分離所得と総合所得は，短期と長期に分類され，具体的には，下記のように分類されます。

土地建物等	その年１月１日における所有期間が５年以下	分離短期
	その年１月１日における所有期間が５年超	分離長期
その他の資産	所有期間　５年以内	総合短期
	所有期間　５年超	総合長期

譲渡損益のうちに譲渡損が生じている場合に，他の譲渡益と相殺することができますが，これを**内部通算**といいます。分離所得は分離所得どうし，総合所得は総合所得どうしと相殺します。

また，**生活に通常必要でない資産**について，災害又は盗難もしくは横領による損失が生じた場合には，その損失の金額は，その年分又は翌年分の譲渡所得の金額の計算上控除すべき金額とみなされます（所法62）。内部通算後の譲渡所得から控除しますが，順番は，総合短期，総合長期の順番で控除します。

損失発生直前の取得費相当額－保険金・損害賠償金＝損失額

なお，総合短期あるいは総合長期の譲渡所得があれば，**50万円を限度**として，総合短期，総合長期の順番で控除できます（所法33④⑤）。

例　題

次の資料により，本年分の譲渡所得の金額を計算しなさい。

譲渡資産	取得年月	譲渡年月	譲渡対価	取得費等	譲渡費用
骨董品	平成30年4月	令和5年6月	5,000,000円	2,000,000円	200,000円
土地A	令和4年5月	令和5年9月	10,000,000円	12,000,000円	600,000円
絵　画	令和2年5月	令和5年9月	3,200,000円	3,500,000円	100,000円

【解　答】

（単位：円）

摘　　要	金　額	計算過程
譲渡所得		総合
総合長期	1,900,000	(1) 譲渡損益 総短（絵画）3,200,000 −（3,500,000 + 100,000） ＝△ 400,000 総長（骨とう）5,000,000 −（2,000,000 + 200,000） = 2,800,000 (2) 内部通算 △ 400,000 + 2,800,000 = 2,400,000（総長） (3) 特別控除 2,400,000 − 500,000 = 1,900,000（総長） 土地建物等 譲渡損益 分短（土地A）10,000,000 −（12,000,000 + 600,000） ＝△ 2,600,000

2－5　株式のタックス・プランニング

2－5－1　申告分離課税

株式の譲渡により利益を得た場合には，**申告分離課税**となります。上場株式の売却益に対して所得税15.315%，住民税5%の課税が，非上場株式の売却益に関しても同様に，所得税15.315%，住民税5%の課税がなされます。株式の売却損が生じた場合には，他の株式の売却益と相殺できます。

例 題

京都太郎は，購入価額400,000円のA上場株式を令和5年4月に600,000円で譲渡した。譲渡費用は，10,000円であった。この場合における所得税及び住民税の額はいくらか。

【解 答】

① 譲渡益 600,000円－400,000円－10,000円＝190,000円
② 所得税 190,000円×15.315%＝29,098円
③ 住民税 190,000円×5%＝9,500円

2－5－2 上場株式等の譲渡損失の繰越控除

上場株式等を譲渡したことにより生じた損失の金額のうち，その年に控除しきれない金額は，翌年以後3年間にわたり，株式等にかかる譲渡所得等の金額からの繰越控除が認められます。この適用を受けるためには，損失の生じた年分の確定申告書に一定の書類を添付して確定申告をし，その後，連続して確定申告書を提出することが必要です。

なお，繰越控除する場合には，非上場株式の譲渡益からも控除することができ，非上場，上場の順番で控除できます。

例　題

次の資料に基づいて，令和５年分の譲渡所得の金額及び課税標準を計算しなさい。

(1) 前年分

令和３年３月取得したＡ株式（上場）2,000,000円を1,400,000円で譲渡し，譲渡費用を100,000円支払った。

(2) 本年分

令和４年９月1,800,000円で取得したＢ株式（上場）を3,000,000円で譲渡し，譲渡費用80,000円を支払った。

【解　答】

（単位：円）

摘　　要	金　額	計算過程
Ⅰ各種所得の金額の計算		
譲渡所得		
株式分離 上　場	1,120,000	Ｂ株　3,000,000 －（1,800,000 ＋ 80,000） ＝ 1,120,000

（単位：円）

摘　　要	金　額	計算過程
Ⅱ課税標準の計算		
株式等に係る譲渡所得の金額	420,000	上場株式等に係る譲渡損失の繰越控除 ①　繰越額 1,400,000 －（2,000,000 ＋ 100,000） ＝△ 700,000 ②　控　除 1,120,000 － 700,000 ＝ 420,000

２－６　所得控除のタックス・プランニング

２－６－１　雑損控除

納税者又は納税者本人と生計を一にする配偶者その他の親族（**課税標準の合計額が基礎控除額相当額以下のものに限る**）の有する資産（生活に通常必要でない資産，事業用資産，山林を除く）について災害，盗難，横領等により損失が生じた場合に，所定の金額がその納税者のその年分の課税標準の合計額から控除されます（所法72）。

なお，雑損控除額がその年の所得金額から，控除しきれなかった場合には，**3年間**繰越控除することができます（所法71）。これを**雑損失の繰越控除**といいます。この3年間繰越控除できるという雑損控除の特性のため，所得控除は，雑損控除から行われます。

雑損控除は，

①　資産について受けた損失の金額＋災害関連支出－保険金等で補填される金額－（課税標準の合計額×10％）

②　災害関連支出－5万円

①と②のいずれか多い方の金額＝控除額

というパターンで計算します。

なお，雑損控除の対象となる資産の損失は，資産損失や生活に通常必要でない資産の災害等の損失の場合と異なり原価ベースではなく，**時価ベース**で測定されます（所令206③）。

例　題

次の資料により，居住者京都太郎の本年分の雑損控除額を計算しなさい。居住者京都太郎及びその妻（居住者京都太郎と生計を一にしている）は，本年5月，火災により資産を焼失している。

資　産	所有者	火災直前時価	取得費相当額	受取保険金
居住用資産	京都太郎	10,000,000円	11,000,000円	8,000,000円
家　　財	京都太郎	1,000,000円	1,600,000円	—

なお，京都太郎は，本年6月居住用家屋の整理費用として420,000円を支出している。

また，京都太郎の本年分の課税標準の合計額は，9,000,000円である。

【解　答】

(1) 損失額
(10,000,000円 − 8,000,000円) + 1,000,000円 + 420,000円 − 9,000,000円 × 10% = 2,520,000円

(2) 420,000円 − 50,000円 = 370,000円

(3) (1) > (2) ∴ 2,520,000円

2−6−2 医療費控除

納税者が本人又は生計を一にする配偶者やその他の親族のために医療費を支払った場合には，次の算式で計算される金額がその年分の課税標準の合計額から控除されるとされています（所法73）。

医療費控除額（最高200万円）＝（医療費の額−保険金等）−(注)足切額

(注) 課税標準の合計額×5%と10万円のうち，どちらか小さい金額

医療費控除は，雑損控除の場合と異なり，生計を一にする親族の所得金額の多少を問いません。

医療費控除の対象となる金額は，その年中に支払った医療費の総額から保険金，損害賠償金，その他これらに類するものにより補塡される部分の金額を差し引いた金額となります。また，現実に支払った金額が控除の対象となるので，未払となっている金額は，医療費控除の対象となりません（所基通73−2）。さらに人間ドックその他の健康診断のための費用（重大な疾病が発見された場合を除く）や美容整形等の費用は，「診療又は治療」の対価ではないとされ，医療費控除の対象になりませんし（所基通73−4），出産費用は医療費に該当します（所基通73−3）。なお，疾病の予防又は健康増進のための医薬品は，治療又は療養のためではないとされ，医療費控除の対象になりません（所基通73−5）。

医師の指示がある場合には，購入した薬品の多くが，医療費控除の対象になりますし，通院している場合の交通費なども認められま

す（所基通73－3）。

例　題

次の資料に基づいて，京都太郎の医療費控除額を計算しなさい。

(1) 医療費の支出額

① 京都太郎の医療費300,000円（うち，人間ドックの費用が100,000円あり，異常が認められなかった）。

② 京都太郎の長女（京都太郎と生計を一にする）の出産費用200,000円。

(2) その年分の課税標準の合計額　6,000,000円

【解　答】

（300,000円－100,000円）＋200,000円－(注) 100,000円＝300,000円

（注）6,000,000円×5%＝300,000円＞100,000円
∴100,000円

2－6－3　社会保険料控除

納税者が本人又は生計を一にする配偶者その他の親族が負担すべき**社会保険料**を支払った場合，又は給与から差し引かれた場合には，その**全額**を課税標準の合計額から控除するとされています（所法74①）。

この場合の社会保険料とは，健康保険料，国民健康保険料，介護保険料，雇用保険料，厚生年金保険料，国民年金保険料等です（所法74②）。

2－6－4　小規模企業共済等掛金控除

納税者が小規模企業共済等掛金を支払った場合は，その全額をその年分の課税標準の合計額から控除するとされています（所法75①）。

2－6－5　生命保険料控除

納税者が①受取人のすべてを本人又は配偶者その他の親族とする生命保険契約又は生命共済契約等にかかる保険料や掛金（以下「**一般の生命保険料**」という）を支払った場合又は②個人年金保険契約にかかる保険料や掛金（**傷害特約等に係る金額を除く**。以下「**個人年金保険料**」という。）を支払った場合には，その支払った一般の生命保険料又は個人年金保険料のうち，次の算式により計算される金額がその年分の課税標準の合計額から控除されます（所法76）。

（新制度）

（支払った一般の生命保険料の金額を下記の①～④の算式に当てはめて計算した金額（最高4万円））＋（支払った介護医療保険料の金額を下記の①～④の算式に当てはめて計算した金額（最高4万円））＋（支払った個人年金保険料の金額を下記の①～④の算式に当てはめて計算した金額（最高4万円））＝生命保険料控除額

支払った一般の生命保険料（個人年金保険料）の金額	控除額
① 20,000円以下	支払保険料の全額
② 20,000円超 40,000円以下	（一般の保険料，介護医療保険料，又は個人年金保険料）× $\frac{1}{2}$ +10,000円
③ 40,000円超 80,000円以下	（一般の保険料，介護医療保険料又は個人年金保険料）× $\frac{1}{4}$ ＋ 20,000円
④ 80,000円超	40,000円（一般の保険料，介護医療保険料及び個人年金保険料を併せると120,000円）

（旧制度）

（支払った一般の生命保険料の金額を下記の①～④の算式に当てはめて計算した金額（最高5万円））＋（支払った個人年金保険料の金額を下記の①～④の算式に当てはめて計算した金額（最高5万円））＝生命保険料控除額

支払った一般の生命保険料（個人年金保険料）の金額	控除額
① 25,000円以下	一般の保険料（個人年金保険料）の全額
② 25,000円超 50,000円以下	(一般の保険料又は個人年金保険料) × $\frac{1}{2}$ + 12,500円
③ 50,000円超 100,000円以下	(一般の保険料又は個人年金保険料) × $\frac{1}{4}$ + 25,000円
④ 100,000円超	50,000円（一般の保険料と個人年金保険料を併せると 100,000円）

なお，控除額を計算する時の支払った一般の生命保険料又は個人年金保険料の金額は，これらの保険料の払い込みに当てられた剰余金又は割戻金がある場合には，これらの金額をそれぞれ控除した残額によります。

例　題

次のそれぞれの場合における生命保険料控除額を計算しなさい。

長男を受取人とする生命保険契約に係る保険料 60,000円，介護保険料 80,000円及び妻を受取人とする個人年金保険契約にかかる保険料 120,000円（このうち，剰余金で充当した金額が，20,000円ある）を支払った場合（新制度）。

【解　答】

(1) 60,000円 × $\frac{1}{4}$ +20,000円 =35,000円

(2) 80,000円 × $\frac{1}{4}$ +20,000円 =40,000円

(3) 120,000円 − 20,000円 =100,000円 > 80,000円
　∴ 40,000円

(4) (1) + (2) + (3) = 115,000円

2－6－6　地震保険料控除

納税者が，各年において，自己若しくは自己と生計を一にする配偶者その他の親族の有する家屋で常時その居住の用に供するもの又はこれらのものの有する一定の資産を保険又は共済の目的とし，かつ地震若しくは噴火又はこれらによる津波を直接又は間接の原因とする火災，損壊，埋没又は流失による損害によりこれらの資産について生じた損失の額をてん補する保険金又は共済金が支払われる損害保険契約等に係る地震等損害部分の保険料又は掛金を支払った場合には，その居住者のその年分の課税標準の合計額から次に掲げる区分に応じた金額を控除することができます（所法77①）。

①　地震保険料等のすべてが地震保険料控除の対象となる損害保険契約に該当する場合

その年中に支払った地震保険料の金額の合計額（最高50,000円）

②　地震保険料等に係る契約のすべてが従前の長期保険契約に該当する場合

10,000円以下…全額

10,000円超20,000円以下… 10,000円＋(保険料－10,000円)× $\frac{1}{2}$

20,000円超… 15,000円

③　①，②両方がある場合は，①＋②の合計額（ただし，最高限度額50,000円）

(注) その年において損害保険契約等に基づく剰余金の分配もしくは割戻金の割戻しを受け，又は損害保険契約等に基づき分配を受ける剰余金若しくは割戻しを受ける割戻金をもって地震保険料の払い込みに充てた場合には，その剰余金又は割戻金の額を控除した残額が地震保険料の支払額とされます(所法77①)。

例　題

京都太郎の地震保険料控除の金額を計算しなさい。

(1) A 地震保険契約の保険料　60,000 円

(2) B 保険契約の保険料　40,000 円（従前の長期損害契約に該当）

【解　答】

(1) は，地震保険契約等の保険料に該当し，50,000 円

(2) は，従前の長期保険契約に該当し，15,000 円

(1) ＋ (2) ＝ 65,000 円＞ 50,000 円

∴ 50,000 円

２－６－７　寄附金控除

寄附金控除は，納税者が**特定寄附金**を支出した場合に，その納税者のその年分の課税標準の合計額から次の金額を控除するというものです（所法 78）。

$$\left\{\begin{array}{l}\text{特定寄附金の額}\\ \text{課税標準の合計額の 40\%相当額}\end{array}\right\}\text{のいずれか少ない方の金額} - 2{,}000\text{ 円}$$

例　題

次の資料に基づき寄附金控除額を計算しなさい。

① 京都太郎が本年中に社会福祉法人に寄附した金額 200,000 円。

② 京都太郎の課税標準の合計額は，6,000,000 円であった。

【解　答】

(1) 200,000 円

(2) 6,000,000 円× 40％＝ 2,400,000 円

(3) 200,000 円＜ 2,400,000 円

　∴ 200,000 円

(4) 200,000 円－ 2,000 円＝ 198,000 円

2－6－8　障害者控除

障害者控除とは，納税者が障害者である場合又はその控除対象配偶者や扶養親族が障害者である場合に，その居住者のその年分の課税標準の合計額から障害者１人につき**27万円**（特別障害者の場合には**40万円**，同居特別障害者は，**75万円**）を控除するというものです（所法79）。

2－6－9　寡婦（寡夫）控除

（1）寡婦とは，ひとり親でない次のいずれかに該当する人をいいます（所法2①三十）。

①　夫と死別又は離婚した後，再婚していない婦人あるいは夫の生死の明らかでない婦人で，**合計所得金額（純損失・雑損失の繰越控除は適用前）が500万円以下であり**，扶養親族あるいは生計を一にする**総所得金額等**が基礎控除額（**480,000円**）以下の子のある人

①の寡婦控除額は，生計を一にする子がいる場合には35万円になり，子以外の扶養親族がいる場合には27万円になります。

②　夫と死別した後再婚していない婦人や夫の生死が明らかでない婦人で，合計所得金額（純損失・雑損失の繰越控除は適用前）が500万円以下である人

②の寡婦控除額は，27万円になります。

（2）寡夫とは，次のすべてに該当する人をいいます（所法2①三十一）。

①　妻と死別し，又は離婚した後再婚していない者や妻の生死が不明な者で，生計を一にしている**総所得金額等**が基礎控除額（**480,000円**）以下の子がある人

② 合計所得金額（純損失・雑損失の繰越控除は適用前）が500万円以下である人

寡夫控除額は，35万円になります。

＊寡婦（寡夫）控除は，住民票の続柄に「夫（未届）」「妻（未届）」の記載がある者は対象外となります。令和2年から，子ありの寡夫の控除額が子ありの寡婦と同額の35万円になりました。令和2年から未婚のひとり親にも寡婦（寡夫）控除が適用されるようになりました。また，寡婦に寡夫と同等の所得制限（合計所得金額500万円）が設けられました。

2－6－10 ひとり親控除

ひとり親控除とは，居住者がひとり親である場合には，その者のその年分の課税標準の合計額から35万円を控除するというものです（所法81）。

ひとり親とは，原則としてその年の12月31日の現況で，婚姻をしていないこと又は配偶者の生死の明らかでない一定の人のうち，次の3つの要件のすべてに当てはまる人です（所法2①三十一）。

(1) その人と事実上婚姻関係と同様の事情にあると認められる一定の人がいないこと。

(2) 生計を一にする子がいること。

この場合の子は，その年分の総所得金額等が48万円以下で，他の人の同一生計配偶者や扶養親族になっていない人に限られます。

(3) 合計所得金額が500万円以下であること。

2－6－11 勤労学生控除

勤労学生控除とは，納税者が勤労学生である場合に，その納税者のその年分の課税標準の合計額から27万円を控除するというものです（所法82）。ここにいう勤労学生とは，自己の勤労に基づいて得た事業所得，給与所得，退職所得又は雑所得（以下「**給与所得等**」という）を有するもののうち，合計所得金額が65万円以下で，かつ合計所得金額のうち給与所得等以外の金額が10万円以下である者をいいます（所法2①三十二）。

2－6－12　配偶者控除

配偶者控除とは，納税者が**控除対象配偶者**を有する場合に，その納税者のその年分の課税標準の合計額から，次に掲げる区分に応じた金額を控除するというものです（所法83）。

令和5年		
居住者の合計所得金額	控除対象配偶者	老人控除対象配偶者
900万円以下	38万円	48万円
900万円超950万円以下	26万円	32万円
950万円超1,000万円以下	13万円	16万円
1,000万円超	0円	0円

控除対象配偶者とは，納税者の配偶者で生計を一にするもの（**青色事業専従者で給与の支払いを受けるもの及び事業専従者に該当するものを除く**）のうち，合計所得金額が基礎控除額（48万円）以下であるものをいいます（所法2①三十三）。また，控除対象配偶者のうち，年齢70歳以上の者を**老人控除対象配偶者**といいます。

配偶者控除の適用における「配偶者」とは，法律上の婚姻をした配偶者をいうのであって，内縁関係を含まないと解されています（所基通2－46）。また，「生計を一にする」とは，必ずしも同一の家屋で生活していなくてもかまいません（所基通2－47）。

2－6－13　配偶者特別控除

配偶者特別控除とは，納税者が生計を一にする配偶者（**他の納税者の扶養親族とされるもの並びに青色事業専従者に該当するもので給与の**

支払いを受けるもの及び事業専従者に該当するものを除く）を有する場合に，その納税者のその年分の課税標準の合計額から，次に掲げる区分に応じた金額を控除するものです（配偶者控除が適用されない場合に適用されます）。なお，納税者のその年分の合計所得金額が**1,000万円**を超えている場合及び控除対象としようとする配偶者自身が逆に納税者として，この控除の適用を受けている場合には適用されませんので注意してください（所法83の2）。

令和2年分			
配偶者の合計所得金額	居住者の合計所得金額		
	900万円以下	900万円超 950万円以下	950万円超 1,000万円以下
	控除額	控除額	控除額
38万円超85万円以下	38万円	26万円	13万円
85万円超90万円以下	36万円	24万円	12万円
90万円超95万円以下	31万円	21万円	11万円
95万円超100万円以下	26万円	18万円	9万円
100万円超105万円以下	21万円	14万円	7万円
105万円超110万円以下	16万円	11万円	6万円
110万円超115万円以下	11万円	8万円	4万円
115万円超120万円以下	6万円	4万円	2万円
120万円超123万円以下	3万円	2万円	1万円
123万円超	0円	0円	0円

2－6－14 扶養控除

扶養控除とは，納税者が扶養親族を有する場合に，その納税者のその年分の課税標準の合計額から，次に掲げる区分に応じた金額を控除するというものです（所法84）。

扶養控除		控除額（各1人分）
一般の扶養親族（下記以外の人）		38万円
年少扶養親族（16歳未満）		0万円
特定扶養親族（19歳以上23歳未満）		63万円
老人扶養親族	同居老親等以外の人	48万円
	同居老親等	58万円

※年少扶養親族（16歳未満の者）の扶養控除が廃止されたので，
扶養控除は，16歳以上が対象になります。

（注）

1. 同居特別障害者である扶養親族—特別障害者に該当し，かつ，納税者又は納税地の配偶者もしくは納税者と生計を一つにするその他の親族のいずれかとの同居を常況としている扶養親族
2. 老人扶養親族—扶養親族のうち，年齢70歳以上のもの
3. 同居老親等—老人扶養親族のうち，納税者又はその配偶者の直系尊属で，これらの者のうちいずれかとの同居を常況としている者
4. 特定扶養親族—扶養親族のうち，年齢19歳以上23歳未満の者

ここにいう**扶養親族**とは，納税者の親族（6親等内の血族及び3親等内の姻族をいい，配偶者を除く）や都道府県知事に養育を委託された児童（いわゆる里子）及び養護を委託された老人で，その年の12月31日現在において納税者と生計を一にする者（**青色事業専従者に該当するもので給与の支払いを受ける者及び事業専従者に該当する者を除く**）のうち，合計所得金額（純損失，雑損失の繰越控除は適用前）が**基礎控除額（48万円）以下**である者をいいます（所法2①三十四）。

例　題

次の資料により，居住者京都太郎の配偶者控除額，扶養控除額を計算しなさい。妻，長男，長女は，居住者京都太郎と生計を一にし，同居している。

京都太郎 45歳：合計所得金額 8,000,000円
妻　　39歳：　一時所得 900,000円
長男　18歳：　所得なし
長女　15歳：　所得なし

【解 答】

配偶者の合計所得金額 900,000円× $\frac{1}{2}$ =450,000円≦480,000円

∴配偶者控除の適用あり

京都太郎の所得金額8,000,000円≦10,000,000円なので，380,000円の配偶者控除が受けられる。

長女は，15歳なので，16歳未満なので，扶養控除の適用なし。長男は，18歳であり，16歳以上19歳未満なので，38万円の扶養控除が受けられる。

配偶者控除額 380,000円

扶養控除額 380,000円

2－6－15 基礎控除

基礎控除とは，納税者のその年分の課税標準の合計額から一定の金額を控除するというものです（所法86）。基礎控除の額は，配偶者控除の額及び扶養控除の額と併せて最低生活費の保障の意味で定められています。

令和元年までは，一律38万円だった基礎控除額は，令和2年分以後は，合計所得金額が2,400万円以下であれば480,000円となり，合計所得金額が2,400万円を超える個人に関しては，その合計所得金額に応じて，控除額が低減し，合計所得金額が2,500万円を超える個人については，控除額がゼロになります。

令和2年分～	
個人の合計所得金額	控除額
2,400万円以下	480,000円
2,400万円超2,450万円以下	320,000円
2,450万円超2,500万円以下	160,000円
2,500万円超	0円

例　題

次の文章を読んで，適切なものに○を，不適切なものに×をつけなさい。

（1）雑損控除は，他の所得控除を引く前に控除する。また，雑損控除の金額が所得金額から控除しきれない場合には，その控除し切れなかった金額を翌年以後3年間にわたって繰り越し控除できる。

（2）社会保険料として控除できる金額は，その年に支払った社会保険料全額である。

（3）配偶者控除は，その納税者の配偶者の合計所得金額が48万円以下の場合に受けられる。

（4）未払いの医療費でも，医療費控除の対象となる。

（5）医療費控除は，年間の医療費が10万円を超えないと受けられない。

（6）16歳未満の者が扶養親族であっても，扶養控除を受けることができる。

（7）配偶者控除は，納税者の合計所得金額が1,000万円を超えた場合には，適用を受けることができない。

（8）病院に通院した際のタクシー代は，医療費控除の対象とならない。

（9）扶養控除の金額は，同居特別障害者の場合には，35万円が加算される。

(10) 個人年金保険料の場合には，生命保険料控除の対象とはならない。

【解　答】

（1）○

（2）○

（3）○

（4）×　未払いの医療費は，医療費控除の対象にならない。

（5）×　医療費が10万円以下でも，医療費控除が受けられる場合がある。課税標準の合計額の5%が，10万円に満たない場合，医療費控除が受けられる。

（6）×　平成22年度の税制改正で，扶養親族が16歳未満の者については，扶養控除が適用されなくなった。

(7) ○

(8) ×　病院に通院した際のタクシー代は，医療費控除の対象となる。

(9) ×　平成22年度の税制改正で，扶養控除に加算するのではなく，特別障害者控除の額に35万円を加算する措置に改められた。

(10) ×　個人年金保険料の場合にも適用がある。

2－7　住宅ローン減税のタックス・プランニング

国内において一定の居住用家屋の取得をし，その取得の日から6カ月以内に居住の用に供し，住宅借入金等の金額を有する場合には，住宅借入金の残高の0.7%を税額から控除することができます（措法41①②）。**合計所得金額**（純損失，純損失の繰越控除適用前）が2,000万円以下である年に，控除が認められます。借入限度額は，一般住宅2,000万円，認定住宅3,000万円です。

例　題

京都太郎は，令和５年９月に自己の所有地に住宅借入金等特別控除の対象となる住宅を新築し，即居住の用に供している。その際，この新築建物の代金90,000,000円に充てるため，銀行（10,000,000円）と住宅金融支援機構（3,000,000円）から借り入れを行っている。京都太郎が令和５年分の所得税額から控除できる住宅借入金等特別控除額はいくらか。なお，住宅借入金等特別控除額の適用要件はすべて満たしているものとする。

【解　答】

（10,000,000円＋3,000,000円）×0.7%＝91,000円

∴ 91,000円

練習問題

４－１　次の文章のカッコに適切な言葉を入れなさい。

青色申告をしようとするときは，その年の３月15日までに，青色申告承認申請書を納税者の所轄税務署長に提出しなければならない。ただし，その年の１月16日以後に事業を始めた人は，開業の日から（　　）以内に申請すればよい。

４－２　次の場合における本年分の課税標準を計算しなさい。

（1）当年分の各種所得の金額

事業所得の金額	500,000円
不動産所得の金額	600,000円
雑所得の金額	100,000円

（2）前年分の純損失の金額

不動産所得にかかるもの	200,000円

（3）前々年分の純損失の金額

事業所得にかかるもの	150,000円

4－3　次の資料に基づき，配当所得を計算しなさい。なお，申告不要にできるものは申告不要とする。

私募証券投資信託の収益の分配　500,000円（源泉税控除前）
B非上場株式の剰余金の配当　350,000円（源泉税控除前）
C特定投資法人の投資口の配当　180,000円（源泉税控除前）
D株式会社（上場）の利益の配当　70,000円（源泉税控除前）
なお，本年対応分の負債の利子が120,000円ある。

（単位：円）

摘　　要	金　額	計算過程
配当所得 （申告不要） （源泉分離）		

4－4　算出税額を計算しなさい。

（1）課税総所得金額　4,500,000円
（2）課税短期譲渡所得金額　2,000,000円
（3）課税長期譲渡所得金額　50,000,000円

4－5　次の資料に基づき，株式等に係る課税譲渡所得等の算出税額を計算しなさい。

（1）非上場株式等の譲渡に係るもの　9,000,000円
（2）上場株式等の譲渡に係るもの　3,000,000円

4－6　京都太郎の山林所得の金額及び当該所得金額に対する税額を計算しなさい。

京都太郎は，本年9月に20年間保有していた立木を譲渡した。必要経費の計算は，概算額と必要経費を比較して，京都太郎に有利な方を選択すること。

なお，青色申告特別控除10万円の適用あり。

・譲渡対価　70,000,000円
・取得費等　55,000,000円
・譲渡費用　400,000円

4－7　（1）損益通算後の所得金額はいくらか。

事業所得の金額　△300万円
譲渡所得の金額

（総合短期）　　　　120万円
（総合長期）　　　　50万円
山林所得の金額　　△200万円
一時所得の金額　　　440万円（特別控除後で $\frac{1}{2}$ を乗じる前）
雑所得の金額　　　△90万円

(2) 損益通算後の所得金額はいくらか。
不動産所得　　　　△800万円
（支払利子50万円ある）
3年前マンションを3,500万円で購入し（土地2,000万円，建物1,500万円），頭金1,000万円で，残額を借入金で購入している。
給与所得　　　　　700万円
雑所得　　　　　　200万円
（借入金で，まず建物を購入し，次に土地部分を購入したと考える。したがって，2,500万円の借入金のうち，1,500万円は建物の借入金であり，残りの1,000万円は土地の借入金となる。）

4－8　次の資料に基づいて，本年分の配当所得の金額及び課税標準額を計算しなさい。
なお，上場株式の配当について，申告分離課税を選択すること。

収　　入	源泉所得税控除後	源泉所得税額
A株式（非上場株式）	198,950円	51,050円
B株式（上場株式）	127,496円	32,504円

なお，上場株式の譲渡所得の金額が，△130,000円ある。

（単位：円）

摘　　要	金　額	計算過程
Ⅰ各種所得の金額の計算 配当所得 総　合 上場分離		

（単位：円）

摘　　要	金　額	計算過程
Ⅱ課税標準の計算 総所得金額 上場株式等に係る配当所得の金額		

4－9　次に掲げる資料により，京都太郎の本年分の課税標準を計算しなさい。京都太郎は，5年前から青色申告書以外の申告書を提出しており，繰越控除の適用を受けるための要件はすべて満たしている。

（1）前々年分の純損失の金額100,000円（事業所得に係るもの，被災事業用資産の損失ではなく，また変動所得に関するものでもない）

（2）前年分の純損失の金額550,000円（不動産所得に係るもの，うち被災事業用資産の損失は，200,000円である）

（3）本年分の各種所得の金額

事業所得の金額　4,000,000円

不動産所得の金額　3,000,000円

4－10　次の資料に基づき，京都太郎の本年分の課税標準を求めなさい。

（1）本年分の各種所得の金額

事業所得の金額　5,000,000円

雑所得の金額　400,000円

（2）前年分の各種所得の金額

事業所得の金額　4,000,000円

雑所得の金額　200,000円

前年，住宅12,000,000円と家財2,000,000円（いずれも時価）が火災で焼失した。しかし保険金5,000,000円を受け取っている。

4 −11　次の資料により，本年分の譲渡所得の金額を計算しなさい。

譲渡資産	取得年月	譲渡年月	譲渡対価	取得費等	譲渡費用
骨董品	令和２年 ４月	令和５年 ６月	4,000,000 円	1,000,000 円	100,000 円
土地Ａ	令和４年 ５月	令和５年 ９月	40,000,000 円	10,000,000 円	4,000,000 円
絵　画	平成 30 年 ５月	令和５年 ９月	5,000,000 円	6,000,000 円	900,000 円

本年 10 月に台風により別荘（損失発生直前の時価 500,000 円，取得費相当額 800,000 円）が全壊している。

（単位：円）

摘　　要	金　額	計 算 過 程
譲渡所得 分離長期		

4 −12　京都太郎は，購入価額 700,000 円のＢ非上場株式を令和５年４月に 800,000 円で譲渡した。譲渡費用は，12,000 円であった。この場合における所得税及び住民税の額はいくらか。

4 −13　次の資料に基づいて，令和５年分の譲渡所得の金額及び課税標準を計算しなさい。

(1) 前年分

令和３年３月取得したＡ株式（上場）を 3,000,000 円を 2,400,000 円で譲渡し，譲渡費用を 200,000 円支払った。

(2) 本年分

令和４年９月3,000,000円で取得したＢ株式（上場）を4,000,000円で譲渡し，譲渡費用180,000円を支払った。令和４年10月1,200,000円で取得したＣ株式（非上場）を1,400,000円で譲渡し，譲渡費用100,000円を支払った。

（単位：円）

摘　　要	金　額	計算過程
Ⅰ各種所得の金額の計算 譲渡所得 株式分離 　上　場 　非上場		

（単位：円）

摘　　要	金　額	計算過程
Ⅱ課税標準の計算 株式等に係る譲渡所得の金額		

4－14　次の資料により，居住者京都太郎の本年分の雑損控除額を計算しなさい。居住者京都太郎及びその妻（居住者京都太郎と生計を一にしている。）は，本年５月，火災により資産を焼失している。

資　産	所有者	火災直前時価	取得費相当額	受取保険金
居住用資産	京都太郎	15,000,000円	12,000,000円	5,000,000円
家　　財	京都太郎	1,200,000円	1,400,000円	—

なお，京都太郎は，本年６月居住用家屋の整理費用として620,000円を支出している。

また，京都太郎の本年分の課税標準の合計額は，6,000,000円である。

4－15　次の資料に基づいて，京都太郎の医療費控除額を計算しなさい。

(1) 医療費の支出額

① 京都太郎の医療費500,000円（うち，生命保険金で補填される金

額が400,000円ある。)

② 京都太郎の長女(京都太郎と生計を別にする)の入院費用100,000円。

(2) その年分の課税標準の合計額4,000,000円。

4－16 次のそれぞれの場合における生命保険料控除額を計算しなさい。

長男を受取人とする生命保険契約に係る保険料20,000円及び妻を受取人とする個人年金保険契約にかかる保険料80,000円(このうち,剰余金でもって充当した金額が,10,000円ある)を支払った場合(旧制度)

4－17 京都太郎の地震保険料控除の金額を計算しなさい。

(1) A地震保険契約の保険料20,000円

(2) B保険契約の保険料12,000円(従前の長期損害契約に該当)

4－18 次の資料に基づき寄付金控除額を計算しなさい。

① 京都太郎が本年中に学校法人に寄付した金額100,000円

② 京都太郎の課税標準の合計額は,8,000,000円であった。

4－19 次の資料により,居住者京都太郎の配偶者控除額,配偶者特別控除額,扶養控除額,基礎控除額を計算しなさい。妻,長男,長女,次女は,居住者京都太郎と生計を一にし,同居している。

京都太郎45歳:合計所得金額6,000,000円

妻　39歳:所得なし

長男18歳:合計所得金額2,000,000円

長女20歳:所得なし

次女15歳:所得なし,特別障害者

4－20 次の文章を読んで,適切なものに○を,不適切なものに×をつけなさい。

(1) 雑損控除の対象となる資産の損失は,原価で測定する。

(2) 人間ドックの費用は,いかなる場合でも医療費控除の対象とならない。

(3) 学校の入学に関して支払った寄付金は,寄付金控除の対象とならない。

(4) 医療費控除は,納税者本人だけではなく,納税者と生計を一にする配偶者,その他生計を一にする親族も対象となる。

(5) 薬局で購入した風邪薬は,医療費控除の対象とならない。

(6) 扶養控除に関する同居老親等とは,老人扶養親族のうち納税者やその配偶者の直系尊属で同居を常としている65歳以上の者をいう。

(7) 納税者の配偶者であっても,青色事業専従者として給与の支払いを受けるものは,配偶者控除の適用対象とならない。

(8) 納税者の配偶者で，青色事業専従者として給与の支払いを受けるものは，配偶者特別控除の対象にはなる。
(9) 従来の損害保険料控除は，平成 18 年分をもって終了しているが，経過措置として，平成 18 年 12 月 31 日までに締結した長期損害保険契約等に関しては，地震保険料控除の対象になる。
(10) 納税者本人が学生であれば，必ず勤労学生控除の対象となる。

4 −21 京都太郎には，父，息子と娘がいる。それぞれの所得金額は，以下の通りである。娘（17 歳）は所得が 38 万円以下であるので，扶養控除を受けることができる。誰の扶養親族にしたらよいか。所得控除による所得税の減税額を比較することによって，解答しなさい。

	給与所得	税率（%）
父	900 万円	33
本人	600 万円	20
息子	180 万円	5

4 −22 仙台太郎には，妻，父，息子と娘がおり，それぞれの所得金額は以下の通りである。扶養控除の適用を受けたい。だれが扶養費控除の適用を受けたらよいか。所得控除による所得税の減税額を比較することによって，解答しなさい。

	給与所得	税率（%）	扶養控除による所得税の減税額
父	200 万円	10	
本人	400 万円	20	
息子	700 万円	23	
娘	130 万円	5	
妻	1,000 万円	33	

4 −23 京都太郎は，令和 5 年 9 月に自己の所有地に住宅借入金等特別控除の対象となる住宅を新築し，即居住の用に供している。その際，この新築建物の代金 80,000,000 円に充てるため，銀行（15,000,000 円）と住宅金融支援機構（5,000,000 円）から借り入れを行っている。京都太郎が令和 5 年分の所得税額から控除できる住宅借入金等特別控除額はいくらか。なお，住宅借入金等特別控除額の適用要件はすべて満たしているものとする。

タックス・プランニング入門
解答編

第1章 消費税

1－1 基準期間の課税売上高800万円＞1,000万円

∴消費税の納税義務なし

1－2 基準期間が免税事業者の場合には，消費税が含まれていないものとして判定します。基準期間の課税売上高1,050万円＞1,000万円

∴消費税の納税義務あり

1－3 Ⅰ 消費税（国税）の税額計算

(1) 課税標準額

$$440{,}000{,}000\text{円}\times\frac{100}{110}=400{,}000{,}000\text{円}$$

(2) 課税標準に対する消費税額

(1)×7.8%＝31,200,000円

(3) 控除対象仕入税額

$$220{,}000{,}000\text{円}\times\frac{7.8}{110}=15{,}600{,}000\text{円}$$

(4) 差引税額

(2)－(3)＝15,600,000円

Ⅱ 消費税（地方税）の税額計算

$$15{,}600{,}000\text{円}\times\frac{22}{78}=4{,}400{,}000\text{円}$$

Ⅲ 消費税と地方消費税の合計額

Ⅰ＋Ⅱ＝20,000,000円（納付税額）

1－4 〈原則的な課税方式〉

(1) 課税標準額

$$27{,}500{,}000\text{円}\times\frac{100}{110}=25{,}000{,}000\text{円}$$

(2) 消費税額

25,000,000円 × 7.8% = 1,950,000円

(3) 控除税額

$$33{,}000{,}000\text{円} \times \frac{7.8}{110} = 2{,}340{,}000\text{円}$$

(4) 還付税額

(3) − (2) = 390,000円

(5) 地方消費税額の還付額

$$(4) \times \frac{22}{78} = 110{,}000\text{円}$$

(6) 消費税及び地方消費税の合計額（還付）

(4) + (5) = 500,000円

〈簡易課税方式〉

(1) 課税標準額

$$27{,}500{,}000\text{円} \times \frac{100}{110} = 25{,}000{,}000\text{円}$$

(2) 消費税額

25,000,000円 × 7.8% = 1,950,000円

(3) 控除税額

1,950,000円 × 90% = 1,755,000円

(4) 納付税額

(2) − (3) = 195,000円

(5) 地方消費税額

$$(4) \times \frac{22}{78} = 55{,}000\text{円}$$

(6) 消費税及び地方消費税の合計税額

(4) + (5) = 250,000円

∴原則課税方式の方が有利である。

1−5 (1) 個別対応方式

$$33{,}000{,}000\text{円} \times \frac{10}{110} = 3{,}000{,}000\text{円}$$

(2) 一括比例配分方式

$$(33{,}000{,}000\text{円} + 11{,}000{,}000\text{円}) \times \frac{10}{110} \times 60\% = 2{,}400{,}000\text{円}$$

(3) 3,000,000円 > 2,400,000円

∴個別対応方式が有利　3,000,000円

1－6 (1) 課税標準額（千円未満切捨）

$980{,}560{,}000円 \times \frac{100}{110} = 891{,}418{,}181円 \rightarrow 891{,}418{,}000円$

(2) 消費税額

891,418,000 円× 7.8% = 69,530,604 円

(3) 課税売上げ割合

① 課税売上げ高

891,418,000 円 > 500,000,000 円

② 課税売上げ高＋非課税売上げ高

891,418,000 ＋ 240,000,000 円 ＋ 5,000,000 円 ＋ 140,000,000 円 × 5% ＝ 1,143,418,000 円

③ 課税売上げ割合

$\frac{①}{②}$ =0.779608（小数点 5 位未満の端数を切り捨てる）→ 0.77960

0.77960 ＜ 95%

(4) 控除税額（控除対象仕入税額）

① 個別対応方式

（イ）課税売上げに係るもの

$(400{,}000{,}000円 + 100{,}000{,}000円 + 600{,}000{,}000円) \times \frac{7.8}{110}$

＝ 78,000,000 円

（ロ）課税・非課税に共通するもの

$(50{,}000{,}000円 + 250{,}000{,}000円) \times \frac{7.8}{110} \times 77.960\% = 16{,}584{,}218円$

（ハ）（イ） ＋ （ロ） ＝ 94,584,218 円

② 一括比例配分方式

（イ）課税仕入れ等の税額

$(400{,}000{,}000円 + 100{,}000{,}000円 + 600{,}000{,}000円 + 200{,}000{,}000円$
$+ 300{,}000{,}000円 + 50{,}000{,}000円 + 250{,}000{,}000円) \times \frac{7.8}{110}$

＝ 134,727,272 円

（ロ）仕入れに係る消費税額

（イ） × 77.960% ＝ 105,033,381 円

③ ①＜② ∴ 105,033,381 円（一括比例配分方式が有利）

(5) 控除不足還付税額 (4) － (2) ＝105,033,381 円－69,530,604 円＝ 35,502,777 円

(6) 地方消費税還付額

35,502,777 円× 22% ＝ 7,810,610 円

(7) 消費税及び地方消費税合計還付税額

(5) ＋ (6) ＝ 43,313,387 円

（注）控除不足還付税額は，百円未満切り捨てをしないので，注意すること。

第2章　相続税

2－1　(200万円＋100万円－110万円)×10%＝190,000円

2－2　(1)

相続人	相続分
配偶者乙	$\frac{3}{5}\times\frac{1}{2}$
X	$\frac{3}{5}\times\frac{1}{2}\times\frac{1}{2}$
A	$\frac{2}{5}$
Y	$\frac{3}{5}\times\frac{1}{2}\times\frac{1}{2}\times\frac{1}{3}$
C	$\frac{3}{5}\times\frac{1}{2}\times\frac{1}{2}\times\frac{1}{3}$
D	$\frac{3}{5}\times\frac{1}{2}\times\frac{1}{2}\times\frac{1}{3}$

(2)

相続人	相続分
配偶者甲	$\frac{1}{2}\times\frac{1}{2}$
長女B	$\frac{1}{2}$
C	$\frac{1}{2}\times\frac{1}{2}\times\frac{1}{2}$
D	$\frac{1}{2}\times\frac{1}{2}\times\frac{1}{2}$

2－3　(1) 乙　$\frac{3}{4}$

A, B　$\frac{1}{4}\times\frac{1}{2}$

(2) 乙 $\frac{2}{3}$

A $\frac{1}{3}$

(3) 乙 $\frac{1}{2}$

A, B, D $\frac{1}{2} \times \frac{1}{3}$

2－4 ① 法定相続分で按分

1億1,800万円× $\frac{1}{2}$ =5,900万円（妻）

1億1,800万円× $\frac{1}{2}$ × $\frac{1}{2}$ = 2,950万円（長男，長女）

② 相続税の総額の計算

5,900万円× 30% － 700万円= 1,070万円（妻）

2,950万円× 15% － 50万円= 392.5万円（長男，長女）

1,070万円+ 392.5万円+ 392.5万円= 1,855万円

③ 各人の相続税額

1,855万円× $\frac{1}{2}$ =927.5万円

1,855万円× $\frac{1}{4}$ = 463.75万円

④ 税額控除の計算

配偶者の税額軽減

1,855万円× $\frac{5{,}900万円}{1億1{,}800万円}$ = 927.5万円

⑤ 納める税金の合計

妻0 +長男463.75万円（百円未満切り捨て）+長女463.75万円（百円未満切り捨て）= 927.5万円

2－5 5,000千円× 4（法定相続人の数）= 20,000千円< 15,000千円+ 10,000千円 = 25,000千円

配偶者乙 ┐ 20,000千円× ┌ $\frac{15{,}000千円}{25{,}000千円}$ = 12,000千円

A ┘ └ $\frac{10{,}000千円}{25{,}000千円}$ = 8,000千円

Bは相続人でないため適用なし。

2－6 Ⅰ 相続税の課税価格の計算

1 相続により取得した財産

(1) 配偶者乙 146,300,000円

(2) 長男A 56,900,000円

(3) 次男B 62,100,000円

2 特定遺贈により取得した財産

孫D 6,100,000円

3 生命保険金及び非課税金額の計算

(1) 生命保険金

配偶者乙 30,000,000円

長男A 20,000,000円

長女C 25,000,000円

(2) 非課税金額

配偶者乙 12,000,000円

長男A 8,000,000円

(注) 長女Cは相続人でないため適用なし。

4 債務控除額の計算

(1) 債 務

次男B 5,000,000円

長男A 1,100,000円

(2) 葬式費用

配偶者乙 2,000,000円＋2,400,000円＝4,400,000円

(注) 仏具の費用は，控除できない。

(注) 香典収入は非課税。

5 相続税の課税価格に加算される生前贈与財産の価額

長男A 4,100,000円

長女Cの場合には，相続開始前3年以内のものでないため適用なし。

孫Eは，相続又は遺贈により財産を取得していないため適用なし。

Ⅱ 相続税の総額の計算

1 課税価格の合計額 320,000,000円

2 遺産に係る基礎控除額

30,000,000円＋6,000,000円×4＝54,000,000円

3 課税遺産総額

320,000,000円－54,000,000円＝266,000,000円

4 法定相続分に応ずる取得金額（千円未満切捨）

配偶者乙 $\frac{1}{2}$ = 133,000,000円

A $\frac{1}{2}\times\frac{1}{3}$ = 44,333,000円

B $\frac{1}{2}\times\frac{1}{3}$ = 44,333,000円

C $\frac{1}{2}\times\frac{1}{3}$ = 44,333,000円

（いずれも 266,000,000円× 上記割合）

5 相続税の総額のもととなる税額

配偶者乙 133,000,000円× 40% − 17,000,000円 = 36,200,000円

A 44,333,000円× 20% − 2,000,000円 = 6,866,600円

B 6,866,600円

C 6,866,600円

6 相続税の総額

36,200,000円 + 6,866,600円× 3 = 56,799,800円（百円未満切捨）

Ⅲ 納付すべき相続税額の計算

1 按分割合

乙	159,900,000円	÷ 320,000,000円	= 0.4996 → 0.5
A	71,900,000円	÷ 320,000,000円	= 0.2246 → 0.22
B	57,100,000円	÷ 320,000,000円	= 0.1784 → 0.18
C	25,000,000円	÷ 320,000,000円	= 0.0781 → 0.08
D	6,100,000円	÷ 320,000,000円	= 0.0190 → 0.02
		合計	1.00

2 算出税額

乙	56,799,800円	× 0.5 = 28,399,900円
A	56,799,800円	× 0.22 = 12,495,956円
B	56,799,800円	× 0.18 = 10,223,964円
C	56,799,800円	× 0.08 = 4,543,984円
D	56,799,800円	× 0.02 = 1,135,996円

3 相続税額の2割加算

孫D 1,135,996円× $\frac{20}{100}$ = 227,199円

（単位：円）

	配偶者乙	A	B	C	D	合　計
取得原因	相続	相続	相続	遺贈	遺贈	
Ⅰ各人の課税価格の計算						
相続財産	146,300,000	56,900,000	62,100,000			
特定遺贈財産					6,100,000	
生命保険金等	30,000,000	20,000,000		25,000,000		
同上の非課税金額	△ 12,000,000	△ 8,000,000				
債　務		△ 1,100,000	△ 5,000,000			
葬式費用	△ 4,400,000					
生前贈与加算		4,100,000				
課税価格（千円未満切捨て）	159,900,000	71,900,000	57,100,000	25,000,000	6,100,000	320,000,000
Ⅱ各人の算出税額の計算						
相続税の総額	36,200,000	6,866,600	6,866,600	6,866,600	0	56,779,800
按分割合	0.5	0.22	0.18	0.08	0.02	
算出相続税額	28,399,900	12,495,956	10,223,964	4,543,984	1,135,996	
相続税額の加算額					227,199	
納付税額（百円未満切捨て）	28,399,900	12,495,900	10,223,900	4,543,900	1,363,100	

2－7　$\left(40{,}000\text{千円} + 3{,}000\text{千円} \times \frac{3}{5} - {}^{(注1)}20{,}000\text{千円} - 1{,}100\text{千円}\right) =$

20,700千円×50％－2,500千円＝7,850千円

（注1）40,000千円≧20,000千円

∴20,000千円

婚姻期間が20年以上である配偶者に関して，居住用不動産又は居住用不動産の取得のための金銭の贈与があった場合には，贈与税の配偶者控除の特例が規定され，贈与税の課税価格から最高2,000万円が控除される。

（注2）相続開始年分の被相続人からの贈与は非課税。

（注3）法人からの贈与は非課税。

2－8　5,000千円×4（法定相続人の数）＝20,000千円＜15,000千円＋10,000千円＝25,000千円

配偶者乙・A　20,000千円×

- 配偶者乙：$\frac{15{,}000\text{千円}}{25{,}000\text{千円}} = 12{,}000\text{千円}$
- A：$\frac{10{,}000\text{千円}}{25{,}000\text{千円}} = 8{,}000\text{千円}$

Bは相続人でないため適用なし。

2－9 5,000千円×4（法定相続人の数）＝20,000千円＜30,000千円＋10,000千円
＝40,000千円

配偶者乙 ┐ 　　　　 ┌ $\frac{30{,}000千円}{40{,}000千円}$ ＝15,000千円
　　　　　 20,000千円×
B ─────┘ 　　　　 └ $\frac{10{,}000千円}{40{,}000千円}$ ＝5,000千円

2－10 長女3,000千円× $\frac{2{,}000千円}{(2{,}000千円＋500千円)}$ ＝2,400千円

2－11 〈債　務〉
1,000千円
仏壇購入未払金は控除できない

配偶者乙 ┐ 　　　　 ┌ $\frac{1}{2}$ ＝500千円
C 　　　 │ 　　　　 │ $\frac{1}{2}\times\frac{1}{2}$ ＝250千円
　　　　　 1,000千円
D 　　　 │ 　　　　 │ $\frac{1}{2}\times\frac{1}{2}\times\frac{1}{2}$ ＝125千円
E 　　　 ┘ 　　　　 └ $\frac{1}{2}\times\frac{1}{2}\times\frac{1}{2}$ ＝125千円

〈葬式費用〉
配偶者乙　2,000千円＋400千円＝2,400千円
香典収入は贈与税の非課税
B　1,000千円
　初七日の法会費用は控除できない
C　香典返戻費用は控除できない

2－12 1,510,000円× $\frac{6{,}000{,}000円}{8{,}000{,}000円}$ ＝1,132,500円

2－13 (1) 贈与税額控除後の税額
28,384,800円
(2) ①　課税価格の合計額のうち，配偶者の法定相続分相当額

$$319{,}900{,}000\text{円}\times\frac{1}{2}=159{,}950{,}000\text{円}<160{,}000{,}000\text{円}$$

∴ 160,000,000円

② 配偶者の課税価格相当額（千円未満切捨）

159,950,000円

③ ①>②

∴ 159,950,000円

④ $56{,}769{,}600\text{円}\times\frac{159{,}950{,}000\text{円}}{319{,}900{,}000\text{円}}=28{,}384{,}800\text{円}$

(3) 軽減額

(1) と (2) の④いずれか少ない金額

∴ 28,384,800円

2−14 (1) 20歳に達するまでの年齢

20歳 − 16歳7カ月 = 3歳5カ月→4歳

(2) 未成年者控除額

10万円× 4年 = 40万円

2−15 10万円×(85歳 − 20歳) = 650万円

(注) 1年未満の端数切捨。

2−16 (1) 自用地としての価額

200,000円× 0.98 (奥行価格補正率) × 600 m^2 = 117,600,000円

(2) 貸宅地の評価額

117,600,000円×(1 − 0.4) = 70,560,000円

2−17 80,000,000円×(1 − 0.7 × 0.2 × 0.8) = 71,040,000円

2−18 (1,000万円 + 2,000万円 − 2,500万円) × 20% = 100万円

第3章 法人税

3−1 (1) 令和3年度

2,000,000円< 3,000,000円

∴ 2,000,000円

(2) 令和4年度

4,000,000円＞3,000,000円－2,000,000円＝1,000,000円

∴1,000,000円

(3) 2,000,000円＋1,000,000円＝3,000,000円

3－2 $3{,}000{,}000円 \times \dfrac{5{,}000{,}000円}{10{,}000{,}000円} = 1{,}500{,}000円$

3－3 (1) 支出交際費の額

20,000,000円

(2) 損金算入限度額

$8{,}000{,}000円 \times \dfrac{12}{12} = 8{,}000{,}000 > 1{,}000{,}000円 \times 50\% = 500{,}000円$

∴8,000,000円

(3) 損金不算入額

(1)－(2)＝12,000,000円

3－4 $\left\{40{,}000{,}000円 \times \dfrac{12}{12} \times \dfrac{3.75}{1{,}000} + (80{,}000{,}000円 + 2{,}000{,}000円) \times \dfrac{6.25}{100}\right\}$

$\times \dfrac{1}{2} = 2{,}637{,}500円$

3－5 (1) 当期留保金額

100,000,000円

(2) 留保控除額

① 所得基準額　124,000,000円×40％＝49,600,000円

② 定額控除限度額　$20{,}000{,}000円 \times \dfrac{12}{12} = 20{,}000{,}000円$

③ 積立金基準額　120,000,000円×25％－6,000,000円＝24,000,000円

④ もっとも多い金額　∴49,600,000円

(3) 課税留保金額

(1)－(2)＝50,400,000円（千円未満切捨）

(4) 税率適用区分

① 年3,000万円以下相当額　30,000,000円

② 年3,000万円超1億円以下相当額　20,400,000円

(5) 特別税額

① 30,000,000円×10％＝3,000,000円

② 20,400,000円×15％＝3,060,000円

①＋②＝6,060,000円

3－6 ⑴ 償却限度額　20,000,000円×0.020＝400,000円
⑵ 償却超過額　490,000円－400,000円＝90,000円

減価償却超過額　90,000円（加算）

3－7 ⑴ 償却限度額　20,000,000円×0.020＝400,000円
⑵ 償却超過額　340,000円－400,000円＝△60,000円
⑶ 認容額　20,000円＜60,000円　∴20,000円

減価償却超過額認容　20,000円（減算）

3－8 備品A・B
⑴ グルーピングしなかった場合
備品A
① 減価償却限度額　600,000円×0.067＝40,200円
② 減価償却超過額　44,000円－40,200円＝3,800円
備品B
① 減価償却限度額　200,000円×0.067＝13,400円
② 減価償却超過額認容　3,000円－13,400円＝△10,400円
8,000円＜10,400円
∴8,000円（減算）
⑵ グルーピングした場合
① 償却限度額　600,000円×0.067＋200,000円×0.067＝53,600円
② 認容額　(44,000円＋3,000円)－53,600円＝△6,600円
8,000円
} 少ない方 ∴6,600円

備品減価償却超過額認容　6,600円（減算）

(1) は減価償却超過額が3,800円生じ，一方で，減価償却超過額認容が8,000円生じる。(2) は，減価償却超過額認容が6,600円生じ，総合的に判断すると，(2) のグルーピングをした方が有利になる。

3－9 180,000円×10台＝1,800,000円

$$1{,}800{,}000\text{円} \times \frac{12}{36} = 600{,}000\text{円}$$

3－10 ⑴ 30万円を修繕費として処理することができる。法基通7－8－1によれば，建物の避難階段の取り付けは，資本的支出であるが，しかし支出した金額が，20万円以下か又は3年以内の周期で行われる支出であれば，修繕費として処理することができる。
⑵ 30万円

(3) カーテンは1枚で機能する。したがって，1枚5万円で判断し，10万円未満となり，一時償却することができる。

(4) 150,000円×4台＝600,000円

$$600{,}000円 \times \frac{12}{36} = 200{,}000円$$

3－11 1 特別償却

(1) 償却限度額

$$8{,}000{,}000円 \times 0.100 \times \frac{3}{12} + 8{,}000{,}000円 \times 30\% = 2{,}600{,}000円$$

(2) 償却超過額

3,000,000円－2,600,000円＝400,000円

減価償却超過額　400,000円（加算）

2 税額控除

(1) 税額控除限度額　8,000,000円×7%＝560,000円

(2) 税額基準額　30,000,000円×20%＝6,000,000円

(3) (1)＜(2)

∴ 560,000円

3－12 (1) ×　旅行券は，交際費等になる。

(2) ×　この場合の飲食費は，ゴルフと不可分であり，交際費等となる。

(3) ×　会議の実態がないので，会議費ではなく，交際費等となる。

(4) ○

3－13 (1) ○

(2) ○

(3) ○

(4) ○

(5) ×　担保物を処分した後ならば，貸倒損失を計上できる。

第4章　所 得 税

4－1　2カ月

4－2 (1) 500,000円＋600,000円＋100,000円＝1,200,000円

(2) 純損失の繰越控除

前前年分　1,200,000円－150,000円＝1,050,000円

前年分　　1,050,000円－200,000円＝850,000円

4－3　（単位：円）

摘　　要	金　額	計算過程
配当所得 （申告不要） （源泉分離）	230,000 （250,000） （500,000）	(1) 収入金額 A 私募証券投資　500,000（源分） B 株　350,000 C 株　180,000（申不） D 株　70,000（申不） (2) 元本取得に要した負債の利子 120,000 (3) (1)－(2)＝350,000－120,000＝230,000

4－4　(1) 課　総　4,500,000円×20％－427,500円＝472,500円

(2) 課　短　2,000,000円×30％＝600,000円

(3) 課　長　50,000,000円×15％＝7,500,000円

(1)～(3)の計　8,572,500円

4－5　(1) 非上場

9,000,000円×15％＝1,350,000円

(2) 上　場

3,000,000円×7％＝210,000円

4－6　（所得金額）

(1) 総収入金額

70,000,000円

(2) 必要経費

①　実額 55,000,000円＋400,000円＝55,400,000円

②　概算（70,000,000円－400,000円）×50％＋400,000円＝35,200,000円

③　①＞②

∴ 55,400,000円

(3) 特別控除額｛(1)－(2)｝＞500,000円

∴ 500,000円

(4) 青色申告特別控除　100,000円

(5) (1)－(2)－(3)－(4)＝14,000,000円

算出税額は，$\left(14{,}000{,}000\text{円} \times \frac{1}{5} \times 10\% - 97{,}500\text{円}\right) \times 5 = 912{,}500\text{円}$

4－7 (1) 事業所得について生じた損失は，まず第1順位の経常所得金額から控除するが，この場合は，経常所得金額が赤字なので，第2順位の譲渡所得から，控除するので，事業所得△300万円＋120万円＋50万円＝△130万円となる。まだ控除しきれないので，同じく第2順位の一時所得から控除し，△130万円＋440万円＝310万円。

山林所得の金額が赤字の場合には，①経常所得の金額，②譲渡所得の金額，③一時所得の金額の順番で控除するので，山林所得の金額△200万円＋310万円＝110万円となり，110万円×$\frac{1}{2}$＝55万円（一時所得）となる。

(2)

(1) 土地等にかかる借入金利子

50万円×$\frac{1{,}000\text{万円}}{2{,}500\text{万円}}$＝20万円

(2) 損益通算できる不動産所得

不動産所得△（800万円－20万円）＝不動産所得△780万円

(3) 損益通算

給与所得700万円＋雑所得200万円＝経常所得金額900万円

不動産所得△780万円＋経常所得金額900万円＝経常所得金額120万円

4－8

（単位：円）

摘　要	金　額	計算過程
Ⅰ各種所得の金額の計算		
配当所得		
総　合	250,000	A株　198,950 + 51,050 = 250,000
上場分離	160,000	B株　127,496 + 32,504 = 160,000

（単位：円）

摘　要	金　額	計算過程
Ⅱ課税標準の計算 総所得金額	250,000	
上場株式等に係る配当所得の金額	30,000	損益通算　△130,000 + 160,000 = 30,000

4－9　(1)　本年分の所得金額

4,000,000 円＋ 3,000,000 円＝ 7,000,000 円

(2)　純損失の繰越控除

前年分 550,000 円＞ 200,000 円

∴ 200,000 円

7,000,000 円－ 200,000 円＝ 6,800,000 円

4－10　(1)　本年分の所得金額

5,000,000 円＋ 400,000 円＝ 5,400,000 円

(2)　雑損失の繰越控除

①　繰越額

12,000,000 円＋ 2,000,000 円－ 5,000,000 円＝ 9,000,000 円

(4,000,000 円＋ 200,000 円) × $\frac{1}{10}$ ＝ 420,000 円

9,000,000 円－ 420,000 円＝ 8,580,000 円

(4,000,000 円＋ 200,000 円) － 8,580,000 円＝△ 4,380,000 円

∴ 4,380,000 円

②　控　除

(5,000,000 円＋ 400,000 円) － 4,380,000 円＝ 1,020,000 円

4－11　(単位：円)

摘　　要	金　額	計算過程
譲渡所得 分離長期	 26,000,000	総　合 (1)　譲渡損益 総短（骨とう）4,000,000 －(1,000,000＋100,000)＝ 2,900,000 総長（絵画）5,000,000 －(6,000,000＋900,000)＝ △ 1,900,000 (2)　内部通算 △ 1,900,000 ＋ 2,900,000 ＝ 1,000,000（総短） (3)　生活に通常必要でない資産の損失の控除 1,000,000 円－ 800,000 円＝ 200,000 円（総短） (4)　特別控除 200,000 － 200,000 ＝ 0 土地建物等 譲渡損益 分短（土地 A）40,000,000 －(10,000,000＋4,000,000) ＝ 26,000,000

4 − 12

(1) 譲渡益　800,000 円− 700,000 円− 12,000 円= 88,000 円

(2) 所得税　88,000 円× 15.315% = 13,477 円

(3) 住民税　88,000 円× 5% = 4,400 円

4 − 13　（単位：円）

摘　　要	金　額	計算過程
Ⅰ各種所得の金額の計算		
譲渡所得		
株式分離		B 株 4,000,000 −(3,000,000 + 180,000)= 820,000
上　場	820,000	C 株 1,400,000 −(1,200,000 + 100,000)= 100,000
非上場	100,000	

（単位：円）

摘　　要	金　額	計算過程
Ⅱ課税標準の計算 株式等に係る譲渡所得の金額	120,000	上場株式等に係る譲渡損失の繰越控除 ①　繰越額 2,400,000 −(3,000,000 + 200,000)=△ 800,000 ②　控　除 100,000 円− 100,000 = 0（非上場） （注）100,000 ＜ 800,000 ∴ 100,000 820,000 −(800,000 − 100,000)= 120,000

4 − 14 (1) 損失額

(15,000,000 円− 5,000,000 円)+ 1,200,000 円+ 620,000 円− 6,000,000 円 × 10% = 11,220,000 円

(2) 620,000 円− 50,000 円= 570,000 円

(3) (1) ＞ (2)

∴ 11,220,000 円

4 − 15 (500,000 円− 400,000 円)−（注）100,000 円= 0 円

（注）　4,000,000 円× 5% = 200,000 円＞ 100,000 円

∴ 100,000 円

長女は，生計を別にしているので，医療費控除の対象にならない。

4－16 (1) 20,000円

(2) (80,000円－10,000円)× $\frac{1}{4}$ ＋25,000円＝42,500円

(3) (1)＋(2)＝62,500円

4－17 (1) は，地震保険契約等の保険料に該当し，20,000円

(2) は，従前の長期保険契約に該当し，10,000円＋(12,000円－10,000円) × $\frac{1}{2}$ ＝11,000円

(1)＋(2)＝31,000円

4－18 (1) 100,000円

(2) 8,000,000円×40%＝3,200,000円

(3) 100,000円＜3,200,000円

∴ 100,000円

(4) 100,000円－2,000円＝98,000円

4－19 配偶者控除額　380,000円（居住者の合計所得金額が900万円以下）

扶養控除額　長女　630,000円

障害者控除　次女　750,000円

基礎控除額　480,000円（居住者の合計所得金が2,400万円以下）

長男は，合計所得金額が48万円超なので，扶養控除の適用はない。

長女は，19歳以上23歳未満なので，扶養控除の金額は，630,000円となる。

次女は，同居特別障害者なので，障害者控除は，750,000円となる。

4－20 (1) ×　時価で計算する。

(2) ×　重大な疾病が発見された場合には，人間ドックの費用は，医療費控除の対象となる。

(3) ○

(4) ○

(5) ×　医療費控除の対象となる。

(6) ×　70歳以上である。

(7) ○

(8) ×　青色事業専従者として給与の支払いを受けるものは，配偶者特別控除の対象にはならない。

(9) ○

(10) ×　合計所得金額が75万円以下でないと，勤労学生控除の適用を受けることができない。

4－21 扶養控除の適用を受ける場合には，誰の扶養親族でもかまわないので，**税率の高い所得の高い人**の扶養親族になった方が，税務上有利になる。本問の場合には，父が，減税額が最も大きくなるので，父の扶養親族にしたほうが良い。

	扶養控除による所得税の減税額
父	38万円×33％＝125,400円
本人	38万円×20％＝76,000円
息子	38万円×5％＝19,000円

4－22

	給与所得	税率（％）	扶養控除による所得税の減税額
父	200万円	10	38万円×10％＝38,000円
本人	400万円	20	38万円×20％＝76,000円
息子	700万円	23	38万円×23％＝87,400円
娘	130万円	5	38万円×5％＝19,000円
妻	1,000万円	33	38万円×33％＝125,400円

妻の場合に，減税額が最も大きくなるので，妻が扶養控除の適用を受けたほうが良い。

4－23 (15,000,000円＋5,000,000円)×0.7％＝140,000円

∴ 140,000円

索　引

《著者紹介》

小池和彦（こいけ・かずあき）

1986 年　東北学院大学経済学部経済学科卒業
1988 年　早稲田大学大学院商学研究科修士課程修了
1992 年　早稲田大学大学院商学研究科博士後期課程単位取得退学
　　　　同年京都産業大学専任講師

京都産業大学経営学部教授を経て，現職。
東北学院大学経営学部教授

主要著書

『現代会社簿記論』（共著）中央経済社，1993 年。
『国際化時代と会計』（共著）中央経済社，1994 年。
『現代会計研究』（共著）白桃書房，2002 年。
『タックス・プランニング入門』（単著）創成社，2011 年。
『アカウンティング・トピックス　増補改訂版』（単著）創成社，2012 年。
『税理士になろう』（編著）創成社，2017 年。
『給与所得者の必要経費　増補改訂版』（単著）税務経理協会，2017 年。
『解説法人税法第 5 版』（共著）税務経理協会，2018 年。
『新中級商業簿記』（共著）創成社，2019 年。
『新入門商業簿記』（共著）創成社，2019 年。
『税理士になろう 2』（編著）創成社，2019 年。
『財政支出削減の理論と財源確保の手段に関する諸問題』（単著）税務経理協会，2020 年。
『解説所得税法第 6 版』（共著）税務経理協会，2022 年。
『税理士になろう 3』（編著）創成社，2023 年。

（検印省略）

2011 年 11 月 20 日　初版発行
2023 年 7 月 20 日　増補改訂版発行　　略称―タックス・プラン

タックス・プランニング入門［増補改訂版］

著　者　小池和彦
発行者　塚田尚寛

発行所　東京都文京区春日 2-13-1　株式会社 創成社
電　話 03（3868）3867　F A X 03（5802）6802
出版部 03（3868）3857　振　替 00150-9-191261
http://www.books-sosei.com

定価はカバーに表示してあります。

ISBN978-4-7944-1586-8　C3034
Printed in Japan

組版：スリーエス　印刷・製本：鴻

落丁・乱丁本はお取り替えいたします。